KB079383

유머와 화술의 대인관계

이 명 수 지음

지 성 문 화 사

유머와 건강이 넘치는 대화술

■

이명수 지음

행복감으로 빛나
웃는 얼굴처럼 매력적인
것은 없다. 그것은 모든 사람들을 끌어당기는
힘을 지니고 있으며 행복과 성공을
불러들이는 자석적인 힘을
가지고 있다.

지성문화사

"태초에 말씀이 계시니라……."

이 말은 요한복음 1장 1절에 있는 유명한 문구다. 계속해서 다음 말이 이어지고 있다.

"이 말씀이 하느님과 함께 계셨으니, 이 말씀은 곧 하느님이시니라. 그가 태초에 하느님과 함께 계셨고 만물이 그로 말미암아 지은 바 되었으니, 지은 것이 하나도 그가 없이는 된 것이 없느니라."

천지 창조 이전부터 말〔言語〕이 인류와 긴밀한 관계를 맺고 있다는 뜻을 표현한 말이다.

성경의 표현을 빌지 않더라도 말이 우리의 삶에서 얼마나 중요한 위치를 차지하고 있는가에 대해서는 굳이 더이상 설명한 필요도 없다.

'인간은 천성적으로 사회적 동물'이라고 갈파한 사람은 고대 그리스의 철학자 아리스토텔레스이다. 같은 말을 로마의 철학자 세네카도 하고 있고, 영국의 시인 테니슨은 "인간은 혼자면 인간이 아니다."라는 단정적인 말로 인간의 사회성을 강조했다. 이 말처럼 두 사람 이상이 서로 만나야 비로소 인간 생활을 영위할 수 있다.

선각자들의 지적처럼 인간은 혼자서는 살아갈 수 없다. 아무리 자신이 속한 사회와 사람들을 싫어한다고 하더라도 역시 나 아닌 다른 인간을 떠나서는 살아갈 수 없다. 마치 새가 숲을 떠나서는 살 수 없고, 물고기가 물을 떠나서는 존재할 수 없듯이 사람도 사람을 떠나서는 살 수 없는 것이다.

타인과의 밀접한 관계를 맺고 살아야 하는 숙명을 갖고 태어난 우리 인간에게 '다른 사람과의 관계'는 예로부터 지금에 이르기까지 항상 긴요한 문제가 되어 왔다.

"어떻게 하면 사람들과 잘 사귈 수 있을까?"

"어떻게 하면 내 뜻대로 사람들을 설득하거나 조종할 수 있을까?"

다른 인간과의 교제에 대한 문제가 모든 사람들의 최대의 관심사임과 동시에 염원이었던 것이다.

그렇다면 사람과 사람 사이를 이어주는 것은 과연 무엇인가? 궁극적으로는 마음의 흐름이 되겠지만, 그 마음의 흐름을 주고받을 수 있는 것이 말이다.

이렇듯 인간관계는 말로 시작해서 말로 끝나는 커뮤니케이션이다. 따라서 자기 나름대로 생각하고 있는 바를 보다 명료하게, 보다 효과적으로, 보다 균형있게 표현할 수 있는 화술은 인생의 기술임과 동시에 가장 큰 무기라고 할 수 있다.

모름지기 나의 인기, 나의 행복, 나의 가치 감각은 사람들을 설득하는 나의 처세술에 전적으로 달려 있다.

사실 행복하고 성공적인 인생을 보낸 사람들의 대부분은 인간관계에 성공한 사람들이다. 가정과 직장에서, 그리고 사회에서 타인을 자기 뜻에 맞도록 설득하고 조종한 사람들이 인간으로서 얻을 수 있는 최상의 것들, 즉 사랑과 우정, 행복과 평화, 성취와 만족 등을 구가한 것이다.

우리의 삶은 매일같이 만남의 연속이며, 만남은 절대적이라 할만큼 대화와 설득을 수반한다. 가족들과의 만남으로부터 시작하여 이웃과 친구, 직장의 인간관계, 사회 생활을 통하여 알고 지내는 사람과 낯선 사람과의 만남이 반복되고 있으며, 그 속에서 오가는 대화 속에 인생의 희로애락이 고스란히 담겨 있는 것이다.

필자는 인간을 아는데 그 가족 관계에 큰 비중을 둔다. 누가 뭐라고 해도 화목한 가정은 좋은 인간관계의 기본이며, 가정이 화목한 사람은 다른 인간관계도 역시 훌륭하게 잘 이끈다. 그래서 '가화 만사성', '수신제가 치국평천하'라는 말이 생겼다. 가정을 화목하게 만들지 못하는 사람은 어디를 가도 분쟁을 야기시킬 소지를 충분히 가지고 있는 것이다.

자기 가족에게 못하는 사람이 다른 사람에게 잘한다면 그것은 추악한 위선이다. 아내 또는 남편에게 못하는 사람이 배우자 아닌 다른 여성이나 남성에게 잘하는 것은 좋지 못한 꿍꿍이속이 있기 때문이며, 자기 부모를 공경하지 못하는 사람이 다른 사람을 공경할 리는 만무하다.

"열 길 물속은 알아도 한 길 사람 속은 모른다."라는 속담처럼 사람의 마음은 알 것 같으면서도 모를 때가 더 많다. 나와 뜻이 통하는 사람이 있는가 하면 사사건건 견해를 달리하는 사람도 있다. 여기에서 분쟁과 갈등이 파생되어 인간의 심신을 몹시도 괴롭힌다.

인간은 지구상에서 가장 복잡하고도 흥미로운 동물이다. 그것은 인간이 지닌 양면성 때문이다. 한편은 동물이면서도 또 한편으로는 단순한 동물이 아니라는 사실이 천인천색의 다양성을 나타내게 하는 것이다.

　세상에는 정말 상종하지 못할 짐승(?)들도 존재한다. 그러므로 모든 사람들과 원활하게 지낼 수 있으리라고는 생각되지 않는다.

　그러나 대부분의 경우의 인간관계는 나의 태도에 달려 있다. 내가 타인들과 좋은 인간관계를 맺지 못하고 있다면, 그 일차적인 원인은 내가 좋은 관계를 맺을 수 없는 인간이기 때문인 것이다.

　내가 어느 정도까지 성실하게 남을 대할 수 있으며, 어느 정도까지 깊이 남을 이해할 수 있는가? 그리고 어느 정도까지 남을 위하여 수고할 수 있는가. 이런 것을 진지하게 생각해 본다면 나의 참모습을 발견할 수 있을 것이다.

　인간교제의 법칙은 어김없이 '기브 앤드 테이크(give and take)'가 적용된다. 오는 정이 고우면 가는 정도 곱고, 내가 잘하면 상대방도 잘하게 되는 것은 인심의 자연스러운 경향인 것이다.

　인간관계에는 별 다른 비법은 없다. 누구보다 당신이 잘 알고 있다. 다른 사람의 언행이 당신을 진심으로 기쁘게 만든 경우가 틀림없이 있을 것이다. 그것을 당신도 다른 사람에게 행하면 된다. 반대로 다른 사람의 언행이 당신의 감정을 상하게 했다면, 그런 언행을 행하지 않는 것이 좋은 인간관계의 비법인 것이다.

말이란 약(藥)과 같은 것이다. 말만 잘하면 천 냥 빚도 가리지만, 입을 함부로 놀리거나 한마디 쓸데없이 더한 것이 엄청난 재앙을 초래하기도 한다. 그러므로 말은 항상 신중하게 재어서〔計〕 사용하지 않으면 안된다.

이 책은 화술과 인간관계의 전반적인 문제를 다루고 있다. 일상생활에서 누구나 한 번쯤은 경험했음직한 예화와 사례를 들어 보다 쉽고 재미있게 읽을 수 있도록 꾸몄다.

아무쪼록 이 책의 내용이 바르게 전달되어 당신의 인간관계가 한층 좋아지는 화력(話力)을 키우는데 일조하기를 바라마지 않는다.

이 명 수

제1장

웃음論

차례

제2장

웃음의 사회학

차례

제3장

효과적인 화술과 인간관계

제1장

웃음論

인간생활에 있어
웃음의 효용은 참으로 크다.
서로의 거리를 좁히는
최대의 커뮤니케이션이 바로 웃음이다.
우울한 얼굴, 찌푸린 얼굴은 보는 사람의 기분까지
나쁘게 한다. 반면에 웃는 얼굴은
참으로 명랑하게 보이고 아름답게 보이며
보는 사람의 마음도
기쁘게 한다.

■ 잠시 웃게 하는 농담 몇 마디

낙서와 같은 말

어느 화창한 봄날의 휴일 아침에 전화벨이 울렸다. 다섯 살배기 딸아이가 전화를 받더니 곧 끊어버렸다.

"누구였니?"

내가 묻자 딸아이는 고개를 갸우뚱거리며 대답했다.

"모르겠어. 그런데 그 사람은 말을 낙서처럼 했어."

나는 딸아이의 말이 몹시 재미있어 터져나오는 웃음을 깨물며 말을 시켰다.

"말을 낙서처럼 했다고……?"

"그래, 뭐라고 쏼라쏼라 했어."

잠시 후에 다시 전화벨이 울렸다. 내가 받아보니 우리말을 한마디도 모르는 미국인 친구였다.

수인사

어떤 장님이 눈을 뜨고 싶어 깊은 산속에서 백일기도를 드렸다. 그 덕분인지 모르지만 입산하여 백일째 되던 날 정말로 눈을 번쩍 뜨게 되었다. 그는 뛸 듯이 기뻐하며 산을 내려왔다.

그런데 난처한 일이 생겼다. 앞이 안 보일 때는 평소의 습관대로 지팡이에 의존하여 집을 잘 찾아갔는데, 막상 눈을 뜨고 보니 집을 찾아갈 수가 없었다. 그래서 할 수 없이 눈을 다시 감고 지팡이를 짚어가며 집을 찾아갔다.

집에 도착한 그는 주인 여자에게,

"임자가 내 마누라요?"

하고 묻자 그녀는 얼떨결에 대답했다.

"네! 처음 뵙겠습니다."

얼굴이 길쭉한 이유

어느 항구도시에 춘화라는 이름의 처녀가 있었다. 춘화는 꽃다운 나이 열아홉 살 때 어떤 선원과 동거생활을 했다. 그 선원은 묘한 취미가 있어 춘화의 오른쪽 유방에 자기의 얼굴 모습을 뚜렷하게 입묵(入墨)해 놓았다. 그러나 그 선원과의 동거생활은 6개월 만에 파경에 이르렀다.

그후 그녀는 택시기사와 사랑에 빠졌다. 택시기사가 유방에 입묵된 남자의 얼굴에 대하여 묻자 그녀는 사실대로 고백했다.

"고얀 사람이었군. 끝까지 책임도 못 질 여자의 유방에 자기의 얼굴 문신을 해놓다니…….”

택시기사는 언짢은 얼굴로 이렇게 중얼거리다가 문득 얼굴을 활짝 펴며 말했다.

“그렇군! 이제 당신은 내 사람이니까 나머지 한쪽에는 내 얼굴을 새겨놓는 것이 좋겠어.”

이렇게 하여 왼쪽 유방에는 택시기사의 얼굴 모습을 입묵했다. 그러나 그와의 동거생활도 오래가지 못하고 파경으로 이어졌다.

두 번의 동거생활에 실패한 춘화는 남자들에게 환멸을 느끼고 10여 년 동안이나 독신으로 지냈다. 그러다가 우연한 인연으로 착하고 건실한 상인과 결혼을 했다.

첫날밤에 춘화는 신랑 앞에 유방을 꺼내 보이며 문신(文身)을 새기게 된 사연을 정직하게 고백했다. 신랑은 눈을 동그랗게 뜨고 신부의 젖가슴을 이쪽저쪽 유심히 살피기 시작했다. 그녀는 신랑이 몹시 화를 낼 것이라고 생각하고 눈을 질끈 감았다. 그런데 신랑은 화를 내기는커녕 배꼽을 잡고 웃다가 이렇게 말했다.

“어쩌면……, 어쩌면 10년 전 당신 애인들은 모두 말처럼 얼굴이 길쭉한 사람뿐이오?”

“……!”

제1장

1. 웃음이란

1) 웃음의 정의

웃음은 고등한 감정반응으로 비교적 고상한 지적(知的) 생활이나 사회생활에 부수하여 표출된다. 사람은 기쁘거나 만족스러울 때, 서글프거나 어처구니없을 때, 남을 업신여기거나 비웃을 때 안면근육을 함께 움직여서 일정한 표정을 짓는다. 이러한 반응을 총칭하여 웃음이라 한다.

2) 웃음의 분류

웃음의 원인이나 종류는 여러 가지가 있다. 그것을 크게 7가지로 분류할 수 있다.

① 신체적 자극에 의한 웃음—물리적으로 간질이는 것을 말한다. 신체의 어느 부위, 즉 겨드랑이나 발바닥 등을 간질이면 웃게 된다. 이 웃음은 유아기의 어린이들에게서 흔히 볼 수 있다.

② 만족하거나 기뻐서 웃는 웃음—이 웃음은 신체적 자극에 의한 웃음과 함께 웃음의 원형이라고 할 수 있다. 유아기의 인간은 이 웃음과 신체적 자극에 의한 웃음밖에 웃지 못한다.

③ 우스워서 웃는 웃음—가장 포괄적인 웃음으로 기지(機智)·익살·유머 등이 여기에 해당한다.

④ 난처하거나 겸연쩍어서 웃는 웃음—남 앞에서 실언이나 실수를 하면 쑥스럽고 미안하다. 이때 부끄러움을 감추기 위해 어색하게 웃는 웃음을 말한다.

⑤ 어처구니없을 때 웃는 웃음—너무도 엉뚱하고 뜻밖의 일을 당하면 기가 막혀 말도 안 나오게 된다. 마땅히 화를 내야 하는 상황인데도 어이가 없어서 웃는 웃음이다.

⑥ 사교적 웃음—연기(演技)로서의 웃음을 말한다. 내심으로는 전혀 기쁘지도 우습지도 않지만 사교를 위해서 웃는 웃음이다.

⑦ 병적인 웃음—정신분열증 환자에게서 볼 수 있는 웃음이다. 다른 사람이 이해할 수 없는 헛웃음과 웃을 만한 이유도 없는데 실없이 웃는 웃음 등이 여기에 포함된다.

3) 웃음의 기원

네덜란드의 동물행동학자 반 후프의 주장에 따르면 미소와 웃음은 인간 이전의 원숭이에게서 기원한다고 한다. 그것을 요약하여 정리하면 다음과 같다.

궁지에 빠진 원숭이는 입을 가로로 벌려 이를 드러내어

자기의 마음을 표현한다. 입의 모양과 소리에 따라 친애, 복종, 방어, 적개심 등을 나타내는 것이다.

원숭이가 이를 드러내고 침묵하는 경우는 친애 및 복종의 표현이다. 이것이 인간의 미소로까지 발전했고, 더 나아가서 추종과 아첨이 되었다.

위협적인 태도를 취하는 원숭이는 입을 크게 벌리고 노려보면서 '오오' 또는 '아아'라고 소리를 내어 상대방에 대한 우월성을 표시한다. 인간의 웃음은 바로 여기에서 발전한 것이다.

반 후프의 이러한 주장은 나름대로 설득력을 지니고 있다. 사실 인간이 크게 웃을 때는 다분히 공격적으로 보인다. 그리고 아이들을 보면 힘이 센 어린이가 힘이 약한 어린이와 친하려고 하는 경우보다는, 약한 어린이가 강한 어린이와 친하려는 경우에 웃어 보이는 일이 많다. 이것은 원숭이가 무서운 상대방에게 이를 드러내 보이는 것과 별반 차이가 없다는 것을 시사하고 있는 것이다.

4) 웃음의 요인에 관한 철학자들의 견해

웃음에는 다양한 인간적 감정이 담겨 있기 때문에 그것을 야기시키는 요인도 다양할 수밖에 없다. 여기에는 여러 가지 설이 있다.

· 플라톤―질투의 감정에 쾌감이 가미된 것이 웃음이다.
· 데카르트―자기와 비교해서 타인의 단점과 불완전성을

보고 자신의 우월성을 느끼는 것이 웃음을 유발한다.

· 홉스―돌연히 나타난 승리의 감정.

· 칸트―무엇인가 중대한 것을 기대하고 바짝 긴장해 있을 때 예상 밖의 결과가 나타난다. 그 순간 갑자기 긴장이 풀려 우스꽝스럽게 느껴지는 감정의 표현.

· 쇼펜하우어―추상적으로 생각했던 일과 현실 사이의 불일치를 갑자기 파악했을 때 웃음이 유발된다. 예를 들면 귀부인이 바나나를 밟고 넘어진다거나 어린이가 어른의 바지를 입었을 때 등이다.

· 자스틴―놀람과 기대의 어긋남에서 웃음이 생긴다.

서스펜스의 대가로 알려진 추리작가 히치코크는 작품 중에 역설적인 유머를 풍부하게 사용했다. 그도 쇼펜하우어와 비슷한 견해를 피력하고 있다.

"한 신사가 거리를 걷다가 하수구에 빠진다. 그것을 보고 모두가 웃는다. 잔혹한 일이지만 그 신사의 실수가 우습다. 그런데 만일 카메라가 하수구에 빠져 괴로워하고 있는 그 신사를 위에서 찍으면 웃음은 곧 멈추고 비극이 된다."

프랑스의 철학자로 노벨문학상을 수상했던 앙리 베르그송은 그의 저서 《웃음》에 희극적인 것을 의미론적으로 분석하고 있는데, 요약하여 정리하면 다음과 같다.

① 웃음은 사회를 형성하는 기능이 있다. 이 말은 웃음이 인간관계에서 유인작용과 친화작용을 한다는 의미로 해석된다. 사회의 테두리를 벗어난 사람을 되불러들여 친밀하게 만드는 작용을 하는 것이다.

② 인생을 행정적으로 다루려는 개념, 기계화된 관념이 웃음을 낳는다. 이를테면 이런 예이다.

☐ 길거리를 달리고 있던 한 남자가 비틀거리다가 넘어진다. 그것을 보고 행인들은 웃음을 터뜨린다.

☐ 어느 경찰관이 흥분하여 소리친다.

"범인은 피해자를 살해한 다음 교통법규를 무시한 채 유턴하여 반대쪽으로 달아난 것이 분명합니다."

세심한 융통성과 민첩한 유연성이 요구되는 상황에서 나타나는 어떤 기계적인 경화현상이나 삶을 행정적으로 다루려는 개념이 웃음의 큰 요인인 것이다.

③ 정신적인 문제임에도 불구하고 관심을 인간의 육체로 향하게 하는 것은 무엇이든 희극적이다. 다음의 예가 그것이다.

"그녀는 지성적이고 무척이나 뚱뚱했습니다."

"그는 고결한 사람인데 코가 개코처럼 생겼지요."

2. 웃음과 건강

1) 웃음은 최고의 의술이다

"웃음은 보약보다 좋다."라는 말은 《동의보감》에 명문화
되어 있는 말이다. 웃으면서 유쾌하게 지내는 것이 육체와
정신에 가장 좋은 건강법이라는 사실은 동서고금이 공통으
로 주장한 건강의 진리이다.

웃음이 최고의 의술이란 사실에는 과학적인 근거가 있다.
최근에 발행된 프랑스의 보건전문지 《상테》에 따르면, 프랑
스 의사들이 꼽은 가장 좋은 약은 '웃음'이라고 밝혔다.

프랑스 의사들은 그 이유를 이렇게 설명한다.

① 웃음은 폐와 기도(氣道)를 확장시켜 공기의 유입과 배
출을 촉진시켜주며, 상부 호흡기를 정소해 호흡을 정상화시
킨다.

② 웃음은 자율신경계에 자극을 주어 동맥과 심장 등 순환

계의 작용을 도우며, 장과 간의 작용을 촉진시켜 소화를 돕는 작용을 한다.

③ 웃으면 호흡이 깊어져 공기를 하복부까지 들이마시게 되므로 복부근육운동을 촉진시켜 변비를 치료한다.

④ 웃음은 침과 기타 소화액의 분비를 촉진시켜 콜레스테롤 증가를 억제한다.

⑤ 웃음은 각종 통증을 완화시키고 억제한다.

프랑스 의사들은 이런 이유를 들어 웃음은 의학적으로 그 효능이 입증되는 탁월한 치료제라고 정의를 내린 것이다.

2) 웃음은 고통에 대한 저항능력을 높인다

웃음을 통한 기분전환이 고통과 불안에 저항하는 능력을 증가시켜준다는 사실은 심리학자의 실험에서도 나타났다.

심리학자 로세마리 코간은 웃음의 효과를 알아보기 위해 통증을 호소하는 학생들을 대상으로 다음과 같은 실험을 실시했다.

코간은 40명의 학생들을 10명씩 4그룹으로 나눈 다음 그룹별로 각각 20분간 다른 테이프를 듣게 했다.

· 첫번째 그룹—코믹 테이프
· 두번째 그룹—기분전환 오락용 테이프
· 세번째 그룹—윤리 강의
· 네번째 그룹—아무것도 듣지 않음

*장수하려면 낙관주의자가 되라.
많이 웃는 사람은 장수한다.*

　실험 결과 첫번째와 두번째 그룹은 세번째와 네번째 그룹
보다 고통에 대한 반응이 현저하게 완화된다는 사실을 알아
내고 이런 결론을 도출해 냈다.
　"웃음은 근육의 긴장을 완화시키고 통증에 대한 환자의
태도를 변화시켜 고통에 대한 저항능력을 20%나 더 높여
준다."
　다시 설명하면 웃음은 인체 내 각성 호르몬과 천연모르핀
인 엔돌핀의 분비를 증가시켜 각종 경련상태를 예방하고 완
화시킨다는 것이다.

3) 많이 웃는 사람은 장수한다

　의학자들의 주장에 의하면 사람이 웃으면 알칼리 체질,
울거나 화를 내면 산성 체질이 된다고 한다.
　미국의 굳맨 교수는,
　"만약 사람들이 하루에 열다섯 번만 웃을 수 있다면 환자
는 지금의 반수로 줄어들 것이다."
라고 말했다.

백번의 웃음은 10분간 노를 젓는 것만큼이나 심장근육에 활력을 준다는 것은 의학적으로 입증된 사실이다. 따라서 마음이 유쾌하면 혈액순환이 잘되어서 건강 치병에 크게 도움이 되는 것이다. 반면에 마음이 불유쾌하면 몸속에 독이 생겨서 피가 흐려지고 잘 돌지 않기 때문에 건강을 심하게 해치게 되는 것이다.

4) 화를 낼 때마다 생명은 단축된다

노기(怒氣)는 혈압을 상승시킨다. 울화가 극도에 달하면 분사(噴死)를 초래한다.

미국의 쥬크대학 의학부의 행동요법 연구소장 윌리엄스 박사는 《노기는 사람을 죽인다》라는 저서를 통해 감정과 육체의 관계를 과학적으로 고찰했다.

이 책에 따르면, 성을 잘 내는 사람은 낙천적인 사람에 비해 50세.이전에 죽는 확률이 5배 이상 높다고 한다.

만성불안형의 사람은 끽연·폭주·과식 등의 나쁜 습관에 빠져 건강을 해치게 되는 것이 십상인데, 적의나 한(恨)과 같은 감정을 오래 간직하고 있으면 병에 대한 면역력이 저하되기 때문에 편두통을 자주 일으켜 위궤양·암·뇌출혈 등의 질환에 걸리기 쉽다고 한다.

이에 대해 미국의 엘머 게이츠 박사는 인간이 토해 내는 숨[息]을 가지고 매우 흥미 있는 실험을 했다.

게이츠 박사는 화를 내고 있는 사람, 슬픔과 고통에 빠져 있는 사람, 후회로 괴로워하는 사람, 기뻐하는 사람들이 토해 내는 숨을 채취하여 액체공기로 냉각시켜보았다. 그러자

침전물이 생겼는데, 이 침전물의 빛깔이 호흡을 할 때의 감
정에 따라 달라지는 것을 발견한 것이다.

게이츠 박사는 감정에 따라 빛깔을 달리하는 침전물의 성
분을 분석하여 다음과 같은 도표를 도출해 냈다.

▶ 감정과 육체의 관계

감정의 구분	빛 깔	성 분
화를 낼 때	밤 색	무서운 독소 화학물질 증가
슬퍼하거나 고통을 느낄 때	회 색	독소 화학물질 증가
후회할 때	분홍색	독소 화학물질 증가
기쁠 때	청 색	각성 호르몬과 엔돌핀의 분비 증가

기쁠 때 발생하는 각성호르몬과 엔돌핀은 인체의 노화를
방지하고 활력을 넘치게 하지만, 화를 낼 때나 고통을 느낄
때 발생하는 독소 화학물질은 건강에 치명적인 악영향을 미
친다는 것이다.

게이츠 박사는 감정에 따라 빛깔과 성분을 달리하는 침전
물을 쥐에게 주사했다. 그 결과 밤색 침전물을 주사맞은 쥐
는 불과 수분 만에 죽었고, 청색 침전물을 주사맞은 쥐는 처
음보다 월등히 활력이 넘쳤다고 한다. 따라서 만일 한 사람
이 1시간 동안 계속해서 화를 낸다면 80명을 죽일 정도의 독
소를 발생한다는 것이 게이츠 박사의 실험결과이다.

5) 병은 마음에서 비롯된다

육체는 정신에 종속되어 있다. 당신의 생각이 부정적인

것으로 계속되면 당신의 육체는 어느 날 순식간에 질병과 부패의 늪 속으로 빠지게 된다. 실패라는 것도 결국 부패하고 부정한 생각의 산물에 지나지 않는다.

병든 생각은 병든 육체로 나타난다. 두려운 생각은 총알만큼이나 빠르게 사람을 병들게 만든다. 육체는 섬세하고 예민한 기구이기 때문에 자신의 생각에 민감한 반응을 보이며, 자신의 생각은 좋은 것이든 나쁜 것이든간에 그에 상응하는 영향을 자신의 육체에 미친다.

질병에는 여러 가지 복합요인이 작용하지만 심리적인 갈등이 가장 큰 몫을 차지한다고 한다. 근심, 걱정, 시기, 질투, 심술궂은 마음은 육체의 노화를 가속화시킴과 동시에 온갖 질병을 불러들인다.

스트레스가 만병의 근원이라는 것은 누구나가 알고 있는 사실이다. 스트레스는 암(癌)을 비롯하여 소화성 궤양·궤양성 대장염·기관지천식·고혈압·두통 및 편두통 등의 주원인이 되는데, 소위 '신경성 질환'에 잘 걸리는 사람의 성격은 비관적이고 내성적인 경우가 대부분이라고 한다.

스트레스는 암의 발병에도 큰 영향을 미친다. 암에 걸리는 사람은 대체로 외곬 성격에 아집이 강하고 병적이리만큼 결벽증이 있거나 매사에 완벽주의를 추구하는 성격의 소유자라고 한다.

최근 도쿄 도립병원에서 유방암 환자 500명을 대상으로 설문조사를 했는데, 그중 52%는 스트레스가 발병의 주원인이었음이 밝혀졌다.

부부나 육친과의 사별, 고부간의 갈등, 이혼과 가정불화, 사업실패 등으로 인하여 갈등이 심화되면 감정의 균열이 응

어리가 되어 커지면서 암종양이 생긴다는 것이다.

스트레스의 증대는 대뇌피질을 흥분시키고 자율신경의 혼란을 초래한다. 이것을 의학적으로 '자율신경 실조증' 또는 '심인성 증상'이라고 하는데, 이것이 지속되면 위장·간장·심장·신장의 기능을 저하시켜 성인병을 유발하고, 끝내는 죽음에 이르게 하는 것이다.

따라서 건강과 육체의 병을 고치는 데 마음을 즐겁게 가지는 것 이상의 명약은 없다.

슬픔과 괴로움의 그림자를 훌훌 날려버리고 항상 느긋한 마음과 평온한 생각을 가지고 생활하도록 노력하는 것이야말로 정신과 육체건강의 핵심이다.

6) 장수하려면 낙관주의자가 되라

《동의보감》에서는 건강하게 장수하려면 다음의 다섯 가지 사항에 주의할 것을 지시하고 있다.

① 명성을 얻기 위해 너무 애쓰지 말라. 사리사욕을 억지로 추구하는 행위는 단명을 초래한다.

② 대범하라. 사소한 일에도 신경을 쓰고 화를 잘 내는 사람, 너무 자주 감격하는 사람은 장수하지 못한다.

③ 언행을 조심하라. 말과 행동이 정도를 벗어나면 장수하지 못한다.

④ 과식·과음하지 말라. 술과 음식을 많이 섭취하면 장수하지 못한다.

⑤ 정신을 피로하게 하거나 절제없는 생활을 반복하면 장

32

수하지 못한다.

건강하게 장수하는 사람들의 성격은 대체로 인간관계가 원만하고 낙관주의자들이다. 그들은 인생과 세상을 희망적이고 즐거운 것으로 보기 때문에 쉽게 비관하거나 염세에 빠지지 않는다. 성격이 까다롭고 부정적인 성격의 사람들은 사소한 일에도 버럭 화를 내는 데 반하여 낙관주의자들은 세상과 인간에 대한 이해심이 높다.

항상 낙관주의적인 정신상태를 유지하기 위해서는 인생을 보는 눈이 긍정적이어야 한다. '새옹지마(塞翁之馬)'라는 고사처럼 인생의 길흉화복은 항상 바뀌어 예측할 수 없는 법이다. 인간은 행운의 여신으로부터 축복을 받을 때가 있는가 하면 버림을 받을 때도 있다.

그러나 인생에 있어서 시련의 시기는 결코 오래가지 않는다. 음지가 양지 되고 양지가 음지 되는 때가 분명히 있다. 아무리 현실이 괴롭고 힘들더라도 조금만 더 참고 인내하면 행운이 찬란하게 미소지으며 찾아오는 것이다.

세상에는 암담한 현실을 견디지 못하고 스스로 목숨을 끊는 사람들이 많다. 변덕스런 운명의 조화로 절망상태에 빠져서 스스로 자신을 포기하여 돌아보지 않는 사람도 있다. 그 시기만 잘 넘기면 좋은 시절이 오는데, 그 마지막 고비를 넘기지 못하고 운명의 시련에 굴복하여 자폭하는 것이다.

인생을 부정적으로 보는 사람의 마음에는 기쁨이 있을 수 없다. 항상 불안과 슬픈 마음으로 가득 차 있다. 그러나 인생을 긍정적으로 사는 사람은 어떠한 역경 속에서도 살아남을 수 있다는 신념이 있기 때문에 좋은 날을 기다리며 힘겹고 고통스런 시기를 지혜롭게 넘기는 것이다.

울어도 웃어도 인생은 흘러간다. 어떤 일이 잘못되었을 때 땅이 꺼져라 하고 고민한다고 해서 잘되지는 않는다. 오히려 불행에 대한 예감은 적중률이 높아서 더욱 불행에 불행을 겹치게 할 뿐이다.

일이 잘못되었을 때일수록 낙관주의자적인 정신상태를 유지하는 것이 좋다. 좋게 해결될 것이라고 믿고 잘못된 부분을 개선해 가면 그 사람의 생각대로 일은 해결되는 것이다.

모름지기 인생은 즐겁게 살 일이다. 괜한 일에 고운 인상 찌푸리지 말고, 헛된 욕심에 속 끓이지 말고 이해하고 웃으면서 살 일이다. 바로 그러한 마음가짐이 삶을 윤택하게 하고 건강과 행운을 부르는 것이다.

34

■ 잠시 웃게 하는 농담 몇 마디

엉겁결에 그만

어떤 남자가 처음으로 연극의 단역 하나를 맡게 되었다. 그의 역할은,

"대포소리가 들리는군!"

하는 대사를 기억하고 있다가 무대 뒤에서 대포소리가 나면 그것을 읊는 것이었다.

드디어 첫 공연이 시작되었다. 그 남자는 충분히 연습을 했는데도 흥분했다. 떨리는 가슴을 애써 진정시키며 짧은 대사를 계속 마음속으로 외우고 있었다.

마침내 문제의 순간이 왔다. 무대 뒤에서 요란한 대포소리가 울렸다.

"꽝!"

그는 깜짝 놀란 표정으로 무대 뒤쪽을 향해 소리쳤다.

"아니, 이게 무슨 소리야?"

재채기

결혼한 지 얼마 되지 않아 깨가 쏟아지는 신혼의 단꿈을 꾸고 있던 어떤 사나이가 피치 못할 일로 집을 비우게 되었다. 그러나 집을 비운 사이의 아내의 태도가 몹시 마음에 걸렸다.

"걱정 마세요. 자기가 돌아올 때까지 오로지 자기만 생각하고 있을 테니 염려 말고 갔다오세요."

"그렇지만……, 그것을 무엇으로 확인할 수 있겠소?"

사나이가 몹시 불안하다는 표정으로 묻자 아내가 타이르듯 이렇게 말했다.

"정 그러시면 이렇게 생각하세요. 간혹 당신이 재채기를 하면, 그것은 내가 당신을 생각하고 있다는 증거예요."

사나이는 이 말을 듣고 길을 떠났다. 그리고 며칠이 지났다. 사나이가 일을 보러 거리를 지나고 있는데 젊은 중 하나가 그의 곁을 스쳐가면서 재채기를 크게 했다.

"에이취!"

그 재채기 소리를 들은 사나이의 눈에 갑자기 핏발이 섰다. 사나이는 부들부들 떨리는 주먹으로 중의 맨대가리를 사정없이 후려치며 소리쳤다.

"이놈의 땡중, 내 마누라를 건드렸구나!"

망할 놈의 늙은이

어느 매혹적인 아가씨가 신부님 앞에서 고백성사를 하고 있었다.

"어느 날 밤에 옆방 아저씨가 제 방으로 들어오더니 갑자기 저를 껴안았어요."

"그래서요?"

"제가 놀라서 소리를 치려고 하는 순간에 그 아저씨는 입으로 제 입을 막았어요."

"흐음, 키스를 했단 말이군. 그 다음 어떻게 했죠?"

"제 가슴을 부드럽게 애무하기 시작하더군요."

"그, 그런 다음은……?"

"제 스커트의 단추를 풀었어요."

"흐음, 그 다음을 계속 이야기해 보시오."

"그때 난데없이 제 방문이 열리면서 어머니께서 들어오셨어요."

그 말을 듣자 신부님은 몹시 실망스런 표정을 지으며 외쳤다.

"저런, 망할 놈의 늙은이 같으니라구!"

돼지저금통에 관한 어느 꼬마의 촌평

"돼지은행(저금통)은 어린이를 구두쇠로, 부모를 은행강도로 만든다."

3. 스트레스와 질병

예전에는, "건강한 신체에 건전한 정신이 깃들인다."라고 말했다. 그러나 근래에 와서는, "건전한 정신에 건강한 신체가 깃들인다."라는 이론이 지배적이다.

'정신신경 면역학(Psychoneuro Immunology , PNI)'이라는 새로운 학문분야는 정신과 육체의 관계를 과학적으로 설명하고 있다. 사람의 생각이 알게 모르게 육체에 작용하여 그에 합당한 반응을 한다는 것이 정신신경 면역학의 핵심이다.

과도한 경쟁과 스트레스는 각종 질병을 야기시키고 신체의 노화를 가속화시킨다. 가정불화, 괴로움을 주는 직장상사, 짜증나게 만드는 인간관계, 교통혼잡, 소음공해, 경쟁의식 등이 현대인의 스트레스를 가중시키는 요인인데, 이런 것이 쌓이고 뭉쳐져서 정신과 육체를 죽음으로 몰아넣고 있는 것이다.

　사람에 따라서 신체기관이나 부위 중에 특히 다른 어느 부분보다 약한 곳이 있다. 스트레스를 받아 응어리진 감정은 저항력이 가장 약한 곳을 침범하여 질병을 만든다.

　스트레스가 큰 원인으로 작용하는 중요한 질병을 살펴보면 다음과 같다.

1) 암

　스트레스가 암 발생에 치명적인 작용을 한다는 사실이 최근 서독과 헝가리에서 시행된 대규모 연구에 의해 밝혀졌다. 이 연구에 참여한 영국의 아이젠크와 헝가리의 그로사드 마티세크라는 두 심리학자의 말에 따르면, 개인의 성격특성과 스트레스는 흡연이나 콜레스테롤 증가 등의 다른 요인들보다 암 발생 기여도가 무려 6배가 높다는 것이다.

　현대의 난치병이라 불리는 암은 신체의 병이기에 앞서 마음의 왜곡에서 연유된 것이라는 것이 의학자들과 심리학자들의 공통된 주장이다. 암에 잘 걸리는 사람의 성격은 대체로 까다로워서 남을 피곤하게 하는 경향이 있다고 하는데, 그 성격적 특성 10가지를 들면 다음과 같다.

　① 외곬 성격에 아집이 강하다.
　② 병적이리만큼 결백증이 있다.
　③ 매사에 완벽주의를 추구한다.
　④ 감정처리가 미숙하여 대인관계가 원만하지 못하다.
　⑤ 모욕을 당하거나 손해를 보면 좀처럼 마음에서 지우지 못한다.

⑥ 편식을 즐긴다.
⑦ 의심이 많다.
⑧ 인내심이 지나쳐 무조건 참는다.
⑨ 우유부단하여 결단을 내리지 못한다.
⑩ 소심하여 남들과 다투는 것을 극도로 꺼린다.

이상의 10가지 성격 중에서 3가지 이상 부합되는 사람은 십중팔구 암에 걸리게 된다고 한다.

반대로 매사에 낙천적이고 긍정적인 생각을 하는 성품의 소유자는 암에 잘 걸리지 않는다고 한다.

2) 고혈압·뇌졸중

고혈압이나 뇌졸중은 성급하고 참을성없는 사람이 잘 걸린다.

질투하고 증오하고 화를 내는 것은 인간의 건강을 좀먹는 독벌레라고 할 수 있다. 사사건건 화를 내며 염세적인 인생관을 지닌 사람, 정서적으로 불안한 사람들에게 고혈압과 뇌졸중 환자가 많다.

사회상태학적 연구에 의하면, 과중한 업무와 심한 스트레스를 겪는 조건이나 직업에서 고혈압과 뇌졸중 환자가 많으며, 그 상황에 대처하는 사람의 성격이 가장 중요한 요인으로 영향을 끼친다고 한다.

시카고대학의 행동과학팀은 일리노이즈벨 전화회사의 간부사원들을 대상으로 스트레스에 대한 조사를 했다. 이들은 동업 타사와의 치열한 경쟁적 상황으로 인하여 모두가 심한 스트레스를 겪고 있었다. 그로 인하여 회사의 중추적인 역할을 하는 간부들이 빈번한 심장발작을 일으켜 죽거나 병원 신세를 지기 일쑤였기 때문에 회사의 타격은 더욱 컸다. 그래서 회사에 심장소생기구를 준비해 놓을 정도였다.

조사 결과 똑같은 스트레스를 받고 있는 상황인데도 반수 이상의 건강에는 별 문제가 없었다. 조사팀은 건강한 사람과 그렇지 못한 사람 사이에서 중요한 심리적 차이점을 발

스트레스는 만병의 근원이다.
유쾌하게 지내는 것이 가장 좋은 건강법이다.

견했다. 그것은 스트레스를 받아들이고 반응하는 양상이 다르다는 것이었다. 건강한 사람은 낙관적이고 긍정적인 성격의 소유자였고, 그렇지 못한 사람은 비관적이고 부정적인 성격의 소유자였다.

조사팀은 이런 원인을 발견해 내고 심리학자들이 말하는 '낙관적인 지각평가'라는 말로 스트레스 해소법을 설명했다. 비유해서 말하면, 술병에 술이 절반쯤 남아 있을 때 긍정적인 사람과 부정적인 사람의 반응은 사뭇 다르다는 것이다. 부정적인 사람은 '술이 벌써 절반이나 비어 있다.'라고 생각하는 데 반하여 긍정적인 사람은 '술이 아직도 반 병이나 남아 있다.'라고 생각한다.

부정적인 사람은 술병의 술이 벌써 절반이나 비어 있기 때문에 불만을 가지게 되지만, 긍정적인 사람은 아직도 절반이나 남아 있기 때문에 마음이 흐뭇하다. 이런 심리적인 차이가 건강한 사람과 그렇지 못한 사람으로 나눠지게 하는 것이다.

3) 소화성 궤양

소화성 궤양이란 위궤양과 십이지장궤양을 함께 일컫는다. 스트레스가 쌓이면 위에서는 위액 분비가 증가한다. 위산이 많이 생기면 위의 근육에 마디가 생겨 소화가 잘 안 된다. 이렇게 위가 긴장하면 음식물이 위 밖으로 나가는 것을 방해하여 위에 더 많은 자극을 주게 된다. 따라서 스트레스가 계속 쌓이게 되면 결국 소화성 궤양에 걸리게 되는 것이다.

4) 과민성 장질환

장에는 별다른 이상이 없는데 장의 일부가 경련을 일으키는 것이 과민성 장질환이다. 이름 그대로 장이 과민하기 때문에 발병하는 것으로서, 그 사람의 성격과 깊은 관련이 있다. 신경질적이고 꼼꼼한 성격의 사람에게 이 질병이 많다.

대변은 장의 연동운동으로 배출된다. 그런데 장이 경련을 일으키면 필요 이상의 배출력이 더해져서 설사를 하게 된다. 또 경련하는 장의 위쪽에 변이 남아서 변비가 된다. 과민성 장질환의 주요 증상은 거듭되는 설사인데, 설사와 변비를 번갈아 반복하는 경우도 있다. 이때 강한 복통을 동반하는 경우가 많으며, 경련 때문에 장 안에 가스가 쌓여 트림과 방귀가 나기도 한다.

과민성 장질환은 정신적인 스트레스가 자율신경의 밸런스를 흐트러지게 함으로써 발생하는 자율신경 실조증이다. 따라서 이 질병은 어디까지나 정신적 스트레스가 원인이므로 스트레스를 없애는 방법을 찾아야 한다.

5) 기관지천식 · 감기

사람의 감정과 면역성의 관계를 연구중인 미국의 카네기 멜론대학 코헨 교수는 기관지천식과 감기도 스트레스의 영향을 크게 받는다고 말하고 있다.

천식은 체질적으로 나타나지만 발작은 감정의 흥분과 깊은 관계가 있는데, 호흡기 질환과 기관지 질환을 앓는 환자의 약 75%가 정신적인 영향을 받는다고 한다.

코헨 교수의 말에 따르면, 스트레스를 많이 받는 사람은 스트레스가 적은 사람보다 감기에 걸릴 확률이 2배나 높다고 한다. 그는 감기 바이러스가 침투한 394명의 환자를 임상조사한 결과 생활에서 스트레스를 많이 받는 사람은 나이, 성별, 체중, 알레르기 및 병력에 관계없이 감기에 자주 걸린다는 사실을 밝혀냈다.

6) 두통 및 편두통

두통의 원인은 다양하고 복잡한데, 대체로 과로나 정신적 스트레스가 두통을 자극한다. 두통 가운데에서도 가장 많은 근수축성 두통이나 편두통 등의 만성두통일 경우는 그 사람이 가지고 있는 스트레스를 해소하면 치료가 가능하다.

편두통은 한쪽 머리가 욱신거리는 것으로 일정한 시간이 지나면 씻은 듯이 낫는 두통이다. 두통의 원인은 체질에 따른 부분도 있으나 화가 나거나 근심 걱정 등으로 감정적인 변화가 있을 때 나타나는 경우가 많다. 근수축성 두통일 경우에는 꼼꼼한 성격의 소유자이거나 완벽주의자에게 많이 나타난다.

두통을 치료하는 키포인트는 근심과 걱정을 날려버리고 휴식과 정신적인 안정을 갖는 것이다.

두통의 원인이 되는 스트레스 대처법으로는 다음과 같은 방법이 효과가 있다.

· 마음을 편하게 갖고 즐거운 생각을 한다.

· 한 가지 문제에 집착하지 않는다.
· 충분한 수면과 운동으로 건강을 유지한다.
· 지쳤다고 생각되면 바로 휴식을 취한다.
· 지나친 경쟁을 피한다.
· 사랑하는 사람과 키스를 하거나 성적 흥분을 느낀다.
· 코미디 프로를 본다.

7) 뇌빈혈 · 기립성 저혈압

앉아 있다가 갑자기 일어섰을 때 어지럽고 눈앞이 깜깜해지는 증상은 기립성 저혈압이다. 경우에 따라서는 그대로 쓰러지거나 실신해 버리는 수도 있다. 일반적으로 이것을 뇌빈혈이라고 한다.

어떤 이유로 혈압이 갑자기 내려가면 뇌의 혈액순환이 나빠져서 뇌기능 저하를 초래한다. 원인은 정신적인 스트레스가 자율신경의 밸런스를 흐트리기 때문에 발생된다.

뇌빈혈은 초조, 불안, 조급함과 같은 원인이 제거되지 않는 일시적인 치료를 해서는 악순환이 되풀이된다. 근심 걱정을 잊고 유쾌한 생활을 하는 것이 가장 효과적인 치료법이다.

8) 눈 병

과도한 스트레스는 혈관을 심하게 수축시켜 혈관벽을 손상시킨다. 물체가 잘 안 보이거나 일그러져 보이는 것은 혈관벽의 일부가 손상되었기 때문에 나타나는 현상이다. 또한 중년기에 많은 비문증은 눈앞에 거미줄이나 날파리 등이 왔다갔다하는 것처럼 보이는 노인성 질환인데, 이 역시 스트레스가 눈의 노화를 촉진한 결과로 나타나는 눈병이다.

안과의사들은 중년 이후의 눈의 건강을 유지하기 위해서는 녹지생활을 할 것을 권한다. 숲의 공기가 좋고 녹색은 스트레스를 풀어주는 효과가 탁월하다는 것이 그 이유이다.

9) 충 치

일본 도쿄대학 예방치과학 시무라 노리오 교수는 〈스트레스와 치과질환〉이란 연구논문을 발표했다. 초등학교 고학년생 500명을 대상으로 스트레스와 충치의 상관관계를 조사한 결과 심리적인 안정도와 충치는 긴밀한 연관관계가 있다는 사실을 밝혀냈다.

▶ 스트레스와 충치의 상관관계

구 분	충 치 율	
	남학생	여학생
스트레스치가 높은 학생	44.7%	51.9%
스트레스치가 낮은 학생	31.7%	37.5%

스트레스가 충치를 유발하는 핵심은 '침'에 있다고 한다.

침에는 각종 세균과 싸우는 글로불린 단백질이 있어 충치를 일으키는 스트렙토코카스—뮤탄 등의 세균을 죽인다고 한다.

그러나 스트레스가 생기면 아드레날린이라는 호르몬이 분

비되면서 근육이 긴장되고 침의 분비량이 현저하게 감소
된다. 그렇기 때문에 구강 내의 세균의 활동력이 높아져서
충치가 생기게 된다는 것이다.

10) 변 비

'3쾌(三快)'면 건강에는 아무 이상이 없다고 한다.

· 쾌식(快食)—유쾌하고 만족하게 먹는다.
· 쾌면(快眠)—달게 잔다.
· 쾌변(快便)—시원하게 용변을 본다.

변비가 만병의 근원임은 상식이다. 인체는 지대한 화학공
장에 비유할 수 있다. 섭취된 음식물은 몸속에서 복잡한 화
학작용을 거쳐 영양분이 되어 흡수되고 남은 찌꺼기는 몸밖
으로 배설된다. 바로 이것이 신진대사의 메커니즘이다.
　신진대사가 원활하면 건강은 만점이다. 그러나 만성변비
로 찌꺼기를 몸밖으로 배설하지 못하면 여러 가지 문제가
생기게 되는 것은 오히려 당연하다.
　정신이상의 큰 원인은 숙변(宿便)에 있다고 한다. 뇌와 장
의 밀접한 관계를 바탕으로 뇌출혈의 원인을 숙변에서 찾
는다. 오른쪽의 상행결장에 숙변이 쌓이면 우뇌출혈이 생겨
좌반신 불수가 되며, 왼쪽의 하행결장에 숙변이 고이면 좌
뇌출혈로 우반신 불수가 된다.
　고혈압, 두통, 치질, 눈병, 냉증, 구내염, 입냄새 등 변비
로 생기는 질병은 부지기수다.

대장은 의외로 섬세한 기관으로 환경의 변화와 심리상태에 의한 영향을 받기 쉽다. 여행으로 물이나 음식물이 바뀌고 화장실이 불결해 혐오감을 갖는 것만으로도 변비가 되는 사람이 많다. 또한 시험을 앞두고 긴장을 한다든가 근심 걱정으로 마음이 안정되지 못할 때도 변비가 생긴다.

이와 같은 단순성 변비는 일시적인 것이므로 별 문제가 되지 않는다. 그러한 환경과 심리상태만 바꾸면 곧 개선이 된다. 그러나 만성변비는 모든 건강에 악영향을 주고, 특히 미용의 가장 큰 적으로 작용한다.

과도한 스트레스는 자율신경의 부조를 가져와 장의 연동운동을 떨어지게 함으로써 만성적 변비로 발전하기 쉽다. 스트레스에 의한 변비는 마음을 느긋하고 편하게 하는 한편 규칙적이고 균형있는 식사를 하는 것이 최상의 치료법이다. 또 장 속에 있는 세균을 다스리는 비피더스균이 있는 요구르트나 유산균음료 등도 변비에 효과가 있다.

11) 기타 장애

■ 알레르기

특수 체질을 가진 사람이 꽃가루, 동물의 털, 음식 등의 특정한 물질에 대해 비정상적으로 나타내는 과민반응을 알레르기라고 한다. 콧물·재채기·두드러기·호흡곤란 등의 증상을 보이는데, 알레르기 환자의 약 75%가 정신적인 영향을 받는다.

■ 탈모증

근래에 와서 젊은이들과 여성들의 탈모가 놀랍도록 증가
했다. 유전적 요인이 없는 정상적인 젊은이들이 탈모현상을
일으키는 것은 정신적 스트레스가 가장 주된 원인이다.

■ 비만증

비만증도 여러 가지 요인과 관계가 있으나 정신적 스트레
스와 관계가 많다.

프랑스 의학자들에 의하면, 스트레스가 발생하면 뇌중추
신경계의 호르몬 이상으로 비만을 유발시킨다고 한다. 즉,
허기와 포만감을 통제하는 뇌활동의 이상으로 카테콜라민,
제로토닌, 아트레날린의 분비가 정상적이지 못하기 때문에
포만감을 쉽게 느끼지 못하고 음식을 찾는 횟수가 늘어나
체중이 증가한다는 것이다.

어떤 정신적인 충격 후 과식으로 인한 갑작스런 체중의
증가를 '반응성 비만증'이라고 한다.

■ 발기불능과 조루증

남자의 페니스는 무한한 잠재력을 갖고 있다. 그 잠재력
은 나이와 관계없이 발휘될 수 있다. 그러나 현대 남성의 섹
스력을 저하시키는 최대의 적은 나이와 비례해서 오는 스스
로의 위축과 스트레스이다.

남성의 발기력이 강하다는 것은 고환의 기능이 강하다는
것을 의미한다. 고환은 남성력을 발현시키는 호르몬과 정자
를 생산해 내기 때문에 남성 그 자체라 해도 과언이 아니다.

고환은 대뇌에 있는 호르몬 관리센터인 뇌하수체와의 긴
밀한 연락을 취하면서 남성 발기력을 뒷받침한다. 그리고

호르몬을 만들어내는 뇌하수체는 대뇌 속의 의식과 깊게 관련되어 있다. 다시 설명하면, 유쾌한 마음으로 섹스에 자신을 가지면 뇌하수체에서 엄청난 분량의 호르몬을 생성하여 고환에 전달하고, 그 영향으로 인하여 남성이 힘차게 발기하는 것이다.

대뇌, 뇌하수체, 고환의 3각관계를 저하시키는 결정적인 적은 바로 자신감 결여와 스트레스이다. 왕성한 정력을 유지하기 위해서는 명랑하고 자신있게 생활하는 것이 최상의 방법이다.

50

4. 스트레스 해소법

1) 스트레스 체크 리스트

① 언제나 즐겁게 느껴지던 일들이 더이상 즐겁지 않다.
② 같은 일을 했는데도 예전보다 훨씬 더 피곤하다.
③ 잠이 안 오거나 아침에 잠을 더 잤으면 하고 느낀다.
④ 공중전화 부스 앞에서 당신 앞에 두 사람만 있어도 화가 치민다.
⑤ 신체적인 결함이 없는데도 성적 욕구가 줄어든다.
⑥ 회합에 나가면 외톨박이 같은 느낌이 들어 언짢다.
⑦ 사소한 일에도 마음이 걸려서 어쩔 줄을 모른다.
⑧ 자명종이 울리기 한두 시간 전이나 그전에 깨어나 드러누운 채 해야 할 일들을 모조리 체크한다.
⑨ 신경질적이라는 말을 듣는다.
⑩ 항상 다른 사람의 일이 마음에 걸린다.
⑪ 화를 잘 내는 편이다.

⑫ 다른 사람으로부터 비판을 받으면 마음이 혼란스러워
진다.

⑬ 평소보다 더 먹거나 덜 먹는다.

⑭ 자기 생각대로 되지 않으면 화가 난다.

⑮ 무거운 꿈 때문에 잠을 깨는 일이 자주 있다.

⑯ 매사에 남을 의식하여 행동한다.

⑰ 잔무(殘務)가 남아 있으면 안절부절못한다.

⑱ 피곤하여 녹초가 되는 일이 종종 있다.

⑲ 남에게 폐 끼치는 것을 무척 싫어한다.

⑳ 다이얼을 돌려놓고 나서 누구에게 전화하려는 건지 잊
어버릴 때가 있다.

위의 20가지 체크 리스트 중에서 3가지 이상 해당되면 스
트레스에 시달리고 있다. 5가지가 넘으면 각종 문제를 야기
할 수 있으므로 조심해야 한다.

2) 과욕에 마음이 병든다

복합공해시대의 현대인은 불합리한 사고와 생활여건 속에
서 정신은 병들어가고 있다. 공해로 인한 환경오염과 문명
생활 자체의 속성인 반자연적 복합요소 등이 스트레스 증후
군으로 작용하여 인간의 심신의 조화를 깨뜨리고 갖가지 질
병을 유발시켜 죽음으로 몰아넣고 있다. 여기에 과식을 비
롯하여 과로, 과보호, 과욕 등 매사가 지나침의 결과가 정신
과 육체 건강에 치명타를 가하고 있다.

인간은 어떤 동물보다 욕망이 강하고 복잡하다. 향상하고

싶다, 지금보다 더 높은 지위에 앉고 싶다, 보다 더 풍부한 생활을 하고 싶다, 탐나는 것은 소유하고 싶다는 것은 인간 본래의 자연스런 욕망이며, 그런 욕망이 인류를 오늘날까지 진보시켜왔다.

만일 인간에게 현재의 상태를 뛰어넘고 싶은 욕망이 없었다면 아직도 인간의 생활은 원시상태에 머물러 있을 것이다. 따라서 인간의 욕망은 진보의 원동력임과 동시에 무서운 재앙의 씨앗으로 작용해 왔다.

인간은 누구나 욕망의 충족을 위해 나름대로 노력한다. 고결한 인물이나 비루한 인물이나를 막론하고 각자 그 인물의 크기에 걸맞는 욕망을 좇으며 살아가고 있다. 사원은 계장이 되고 싶고, 계장은 과장, 과장은 부장, 부장은 더 높은 곳으로 발돋움하기 위하여 애를 쓴다. 어떤 부류의 사람들은 자신들의 욕망을 위하여 사람을 속이거나 해악을 끼치고, 경우에 따라서는 살인도 불사한다.

욕심이란 부릴수록 더 커지는 법이다. "쌀 아흔아홉 섬 가진 사람이 백 섬을 채우려고 욕심을 낸다."는 말은 바로 사람의 욕심이 한없음을 말해 주고 있는 것이다.

이렇듯 사람의 욕심에는 한도가 없는데, 그것은 사람이 미련하고 어리석기 때문이다. "분수를 알라."는 말은 지혜로운 말이다. 오욕칠정(五慾七情)을 가진 인간으로서 욕심이 아주 없을 수는 없지만, 자기의 처지에 맞는 희망을 가지고 노력해야 그 희망이 달성됨과 동시에 인생의 의의를 찾을 수 있는 것이다.

사람들은 자기 처지에 만족할 줄 모르고 나보다 나은 사람의 처지를 올려다보고 부러워하기 때문에 분수에 넘치는 욕심을 부린다. 그러다가 현재 자기의 처지마저 잃어버리는 수가 많다.

자기의 이익을 너무 욕심껏 구하여 얻었을 때 사람들은 기뻐한다. 그러나 지금 내가 누리고 있는 영화 뒤에는 그늘이 있음을 깨달아야 된다. 그 그늘이란 영화와 반대되는 욕스러운 일이다. 지금 내가 누리고 있는 영화가 다할 때 그늘에 도사리고 있던 욕이 자기에게로 덮치는 것이다.

우리는 과욕 때문에 불행해진 사람들을 많이 보아왔다. 그 대표적인 실례가 현재 우리나라를 벌집 쑤신 듯 들끓게 하고 있는 전직 대통령의 비자금 파문이다.

한 나라의 대통령을 지냈던 사람이 무엇 때문에 그 엄청난 돈이 필요했을까. 대통령을 지낸 가문이라는 영예와 부를 자자손손 물려주기 위해서였는지 모르지만, 결국 그런 과욕이 모든 것을 잃게 하고 씻지 못할 치욕을 안겨줬다.

비정상적인 방법으로 권력을 잡았던 전직 두 대통령은 이젠 지상에서 가장 욕스럽고 불행한 삶을 살아가고 있다. 그들은 무장한 경호원들이 지켜주지 않으면 단 하룻밤도 편한 잠을 이루지 못한다. 외출도 자유롭게 하지 못한다. 창살 없는 감옥에 갇혀 언제 어떤 봉변을 당할지 몰라 불안에 떨면서 남은 여생을 살아가야 하는 운명에 처해 있는 것이다.

인생의 진리는 속담 속에 함축되어 있는 경우가 많다. 수천 년의 세월을 거치며 반복된 인간사가 속담으로 굳어진 것이다.

"산이 크면 골이 깊다."라는 속담처럼, 지금 내가 누리고 있는 부귀영화가 크면 클수록 그 욕됨도 이에 따라 크기 마련이다. 이것은 인생의 가장 보편적인 철리(哲理)인데 욕심에 눈이 멀면 그것을 생각하지 못한다.

흔히 "인간사 새옹지마(塞翁之馬)"라고 한다. 어떤 일에 이익을 보았다고 해서 언제나 이익만 있는 것은 아니다. 이익이 있을 때가 있으면 반드시 손해를 보는 때가 있고, 고통과 불행에 신음할 때가 있으면 행운이 미소 지을 때도 반드시 있다. 그래서 인생이 재미있는 것이다.

사람은 욕망이 지나치면 그 욕망의 노예가 된다. 욕망의 노예는 자유인이 되지 못하기 때문에 인생의 참된 의의를 희생시킨다.

대다수의 사람들이 진정한 행복을 느끼지 못하는 것은 지나친 욕심 때문이다. 편안하면 더욱 편해지려는 욕심, 부유하면 더욱 부유해지고 싶은 욕심, 소유하면 더욱 소유하려는 욕심 때문에 만족을 느끼지 못하는 것이다.

아무리 재물을 많이 쌓아도, 가령 갈증을 해결하기 위해 소금물을 마시는 것과 같아 아무리 양을 늘려도 만족할 수 없는 상태는 아귀도(餓鬼道)의 심경이다. 족함을 깨닫고 지금 베풀어져 있는 은혜에 감사하는 자는 항상 그곳에서 행복을 느끼게 된다.

세상에는 비록 가난하지만 행복한 사람들이 얼마든지 있다. 아무리 부자라도 그 부(富)에 만족하지 못하여 더욱 부를 증식시킬 것을 원한다면 결코 행복하다고 할 수는 없다.

어떤 욕망이나 물욕에 사로잡혀서 불유쾌해진다든지, 우울증에 걸린다든지, 화를 낸다든지 하면 자기 자신만 불행한 것이 아니라 주위의 사람마저 불행하게 만든다.

지나친 욕망은 부모형제를 비롯하여 사랑하는 사람과 친

구마저 판다. 싫어하는 여성하고도 태연히 결혼한다. 욕망을 위해서라면 흙탕물도 사양치 않고 마신다.

출세욕과 물욕 등이 원인이 되어 이혼을 하고 형제간에 싸우고 친구간에 의리가 상한다. 왜 인간은 이렇게 출세욕과 물욕 등에 집착하는가? 전술한 바와 같이 미련하고 어리석기 때문인데, 욕심에 눈이 뒤집혀 소중한 것과 그렇지 못한 것을 구분하지 못하는 것이다.

욕망을 갖지 못한 사람은 향상하지 못한다. 인간이라면 마땅히 필요한 것이 있으면 손에 넣을 수 있도록 수단을 강구하는 것이 옳은 일이다. 그러나 그 자체에 너무 집착하거나 과욕을 부리면 탈이 생긴다. 물질과 금전 등은 필요한 만큼 있어야지 그 정도가 지나치면 그것 때문에 사람으로서의 구실을 못하게 되는 것이다.

어떤 사람은 굉장히 큰 집을 가지려고 욕심을 부린다. 집이란 가족들이 살기에 불편하지 않을 정도면 만족할 수 있다. 집이 크다고 그 집에 살고 있는 사람의 인격이 높아진다거나 잘나 뵈는 것은 아니다. 오히려 큰 집에 살고 있다는 교만한 생각에서 다른 사람을 깔보게 된다. 사람이 저지르는 허물 중에 다른 사람을 깔보는 일만큼 더 큰 허물은 없을 것이다.

또 큰 권력을 잡았거나 부자라고 해서 다른 사람의 열 배, 스무 배의 음식을 먹거나 몇 곱절 행복을 느끼는 것은 아니다. 누구나 하루에 세끼의 밥을 먹으면 그것으로 충분하고, 작은 것으로도 만족할 수 있다면 큰 것을 가지고도 불만족한 사람보다 그 인생이 가치있고 행복한 것이다.

과욕은 인간성의 표현을 좀먹고 인생의 유열을 손상시

킨다. 과욕에 사로잡히면 단 한번뿐인 인생을 무가치하게 만든다.

분별있는 사람이라면 자신의 인생을 관조할 줄 알아야 한다. 무엇이 진정으로 소중한 것인가를 깨닫고 그 소중한 것을 파괴시키는 욕망에 대해서는 과감히 버리는 용기가 필요하다. 바로 이러한 사고방식이 인생의 행복과 밀접한 관계가 있다는 것을 알아야 한다.

3) 결과를 버리고 과정을 즐겨라

"욕심이 많은 자는 더 많은 것을 원한다. 금을 주면 옥(玉)을 주지 않았다고 불만스럽게 여기고, 공작(公爵)이 되면 제후가 못된 것을 한탄한다. 자족할 줄 모르는 사람에게는 무엇을 주나 늘 부족하다. 이러한 사람은 권세가 있고 돈은 많지만 거지나 다름없다. 거지는 무엇을 주나 더 얻고 싶어한다. 이와 반대로 만족함을 아는 사람은 악식(惡食)을 산해진미보다 맛있게 여긴다. 초라한 베 두루마기도 여우나 담비의 가죽으로 만든 옷보다 따뜻하게 여겨 부족함을 모른다. 인생을 즐기고 풍족하게 사는 점에 있어서 이 사람은 왕후나 귀족보다 풍족한 사람이다."

《채근담》에 나와 있는 말이다.

다음은 행복과 불행을 생각하게 하는 예화이다.

옛날에 가난과 고생을 딛고 열심히 노력하여 재상의 지위에까지 오른 사람이 있었다. 그는 재상이 되면서부터 날마다 묘한 행동을 하기 시작했다.

그것은 꼭두새벽에 일어나 마당에 있는 무거운 기왓장을

뒤뜰로 옮겨 쌓아놓았다가 저녁이면 다시 마당으로 옮겨놓는 것이었다.

우연히 그 광경을 보게 된 친구가 어이없어하며 물었다.

"아니, 이게 무슨 낮도깨비 같은 짓인가! 듣자 하니 꼭두새벽녘에 기왓장을 뒤뜰로 옮겼다가 저녁이면 다시 마당으로 옮겨 쌓는다고 하는데 무슨 까닭인가?"

그 말에 재상은 나직막하면서도 힘있는 목소리로,

"이렇게 힘든 일을 일부러 함으로써 내가 어려웠던 시절을 생생하게 기억하기 위함이네. 지금의 편안한 생활에만 빠져 나태해질 정도라면, 하물며 나라의 앞날을 걱정하는 정치를 어찌 하겠는가? 파멸이 오는 것은 지식이나 경험의 부족에서 오는 것이 아니라 예전의 어려웠던 경험이나 그때의 일을 잊어버리기 때문에 오는 것이라네."

하고 말하며 기왓장을 계속 옮겨 쌓았다.

"개구리가 올챙이 적 생각을 못한다."라는 말이 있다. 이 말처럼 많은 사람들은 옛 생각을 하지 못하는 데서 큰 불행을 만들며 살아간다. 어려운 처지에 있을 때는 어려움을 알다가도 그 환경이 바뀌면 옛 생각을 잊어버리는 어리석음 속에 불행이 숨어 있는 것이다.

어느 주부의 수기에서 이런 글을 읽은 적이 있다.

"나는 과거를 생각하면 지금의 행복이 과분할 뿐이다. 남편의 봉급이 과분하고, 내가 원하는 것을 할 수 있는 시간 여유가 과분하고, 아이들의 건강한 성장이 과분해서 꿈을 꾸는 게 아닌가 싶은 정도로 생활이 아름답기만 하다."

과거를 생각하고 현재의 족함을 깨닫는 것, 여기에 모든 행복과 평화가 있는 것이다.

그런데 사람의 욕구란 한도 끝도 없어서 채워도 채워도 만족할 줄을 모른다. 만족을 모른다는 말은 곧 불만을 뜻한다. 다른 사람이 볼 때는 그만하면 된 것 같은데도 그 당사자는 그렇게 생각하지 않는 것이다.

불만은 병이다. 불만 그 자체가 병은 아니지만 갖가지 질병을 야기시킨다. 자신에 대한 불만, 부와 명예에 대한 불만, 주위환경에 대한 불만은 감정의 억압, 좌절, 허무, 갈등, 긴장 등 많은 갈등요인을 일으키는 스트레스의 근본원인이 되어 그 사람의 생명을 위협한다.

출세·돈·쾌락·사랑·기쁨·신용·명예·권력·건강 등은 모두 행복을 위한 조건들임은 부정할 수 없다. 그래서 사람들은 이러한 조건을 충족하기 위하여 열심히 배우고 일하고 지혜를 짜낸다.

그러나 이러한 조건들이 충족되기란 결코 쉬운 일이 아니다. 또 충족되었다고 해서 모두 행복을 가져다주는 것도 아니다. .

행복과 불행은 사람에 따라 다르다. 생각하기에 따라 다르게 작용하기 때문이다.

필자는 정처없이 떠난 여행길에서 홀가분한 해방감을 맛볼 때가 많다. 끝없는 경쟁에 떠밀려 허둥지둥 살아온 현실을 조금 비켜선 여유 때문에 '심플 라이프(Simple Life)가 바로 이런 것이구나.'라는 생각에 행복해진다.

행복이란 자신이 만들어내는 환경적 조건임이 틀림없다. 불행도 마찬가지이다. 자만·자포자기·반항·불신이 불행의 동업자가 되는 것이다.

진실한 행복은 겸손하고 믿음을 가지는 데서 시작된다.

나를 믿고 상대방을 믿을 때 행복이 나의 마음속에서 샘처럼 솟아오르는 것이다.

사람이 사람답게 살기 위해서는 자기 철학의 확립이 필수적이다. 인간으로 태어난 이상 내가 무엇을 추구하며 살아갈 것인가를 확실히 해둘 때 복잡다단한 인생에서 길을 잃지 않는다.

인생에서 출세나 성공은 결과에 지나지 않는다. 그런데 출세나 성공을 목적으로 잘못 착각하기 때문에 사람들은 불행하다.

"그곳에 산이 있으니 오른다."

이 말은 참으로 지언(至言)이라 아니할 수 없다. 등산가들은 산의 영기에 매혹되어 참을 수 없는 충동에 끌려서 등산화를 신는다.

과연 그들의 기쁨은 정상을 정복했을 때만 있을까? 그렇지는 않다. 계곡과 내를 건너고 험난한 절벽을 기어오르는 과정에 등산의 참맛이 있는 것이다. 만일 정상 정복에 참맛이 있다면 수고하지 않고 산의 정상에 오르는 방법은 얼마든지 있다. 헬리콥터나 다른 기구를 이용하여 산의 정상에 오른 사람이 등산의 참맛을 느낄 리는 만무하다.

등산의 원리는 모든 인생에 그대로 적용된다. 모름지기 인생의 즐거움은 과정에 있는 것이다. 결과에 도달하기까지의 발상, 노력, 장애의 극복, 인내 등에 인생이 맛이 숨어 있고 기쁨이 있는 것이다.

사람이 결과에 집착하면 서두르게 된다. 그리고 서두르면 대개 실패한다. 결과를 빨리 수중에 쥐고 싶은 마음이 앞서서 관찰이나 시장조사를 소홀히 하기 때문에 실패하게 되는 것이다.

168년간을 살았다는 러시아의 실라리 무슬리프옹은 이렇게 말했다고 한다.

"인생은 어차피 장거리경주다. 너무 경쟁심에 사로잡혀서는 안 된다. 태평한 마음으로 살아야 한다."

참으로 인생의 진리를 담고 있는 말이라고 아니할 수 없다. 인생은 예측 불허의 무대이다. 단거리경주처럼 빨리 뛴다고 무조건 승리하는 것은 아니다. 길고 짧은 것은 끝까지 가봐야 알 수 있다. 빨리 피었다가 빨리 지는 꽃이 있는가 하면, 늦게 피어나는 꽃도 있다. 젊었을 때 승승장구하다가 말년이 불행한 사람이 있는가 하면, 젊었을 때는 고전을 면치 못하다가 말년이 풍요롭고 행복한 사람도 있다. 과연 승자는 누구인가?

사람이 아무리 지치도록 일한다 해도 하루아침에 산을 옮겨놓을 수는 없다. 그와 마찬가지로 위대한 사람은 단번에 높은 곳으로 뛰어오른 것이 아니다. 동반자들이 밤에 단잠을 잘 때, 놀고 즐길 때 그는 일어나서 괴로움을 이기고 꾸준히 노력했던 것이다.

일을 즐길 때 결과에 집착하지 않는다. 결과에 집착하지 않으면 마음이 가볍다. 서두르거나 급하게 굴지 않으니까 쓸데없는 실패도 없으며 과정의 즐거움을 느낄 수 있다.

스트레스를 받지 않으려면 항상 마음을 느긋하고 여유롭게 가져야 한다. 인생을 장거리경주라고 생각해야 한다. 성급한 사람이 당신을 앞질러 갈 때는 잠시 길을 비켜주어 그가 먼저 지나가게 하라. 그리고 당신은 당신의 페이스를 잃지 말고 꾸준히 뛰어라. 그러면 앞서 정신없이 뛰던 사람이 지쳐 쓰러져 있는 것을 수없이 발견하게 될 것이다.

4) 욕구불만을 승화시켜라

사람에게는 엄연히 개인차라는 것이 있다.

빼어나게 잘생긴 사람이 있는가 하면 지지리도 못난 사람이 있다. 강인한 체력을 타고난 사람이 있는가 하면 허약한 체질의 사람이 있다. 총명한 사람이 있는가 하면 반면에 아둔한 사람이 있다. 또한 부유한 집에서 태어난 사람이 있는가 하면 가난한 집에서 태어난 사람이 있다. 교육의 혜택을 받은 사람이 있고 받지 못한 사람도 있다.

이렇듯 사람에게는 저마다 개인차가 있다. 그 차이가 인간의 인생에 큰 영향을 미치는 것임은 틀림이 없다. 누가 뭐라 해도 잘생긴 사람이 못생긴 사람보다 세상을 살아가는 데 유리하다. 강한 체력을, 총명한 두뇌를, 넉넉한 재력을, 풍부한 학식을 갖고 있는 사람들이 그렇지 못한 사람들보다는 월등히 낫다.

그러나 세상에는 개인차의 열세에도 불구하고 자기의 인생을 값지게 만든 사람들이 밤하늘의 별만큼이나 많다. 반면에 개인차의 우세에도 불구하고 실패와 좌절과 한숨 속에서 지내고 있는 사람들도 바닷가의 모래알만큼이나 많다.

그렇다면 무엇이 사람을 각기 다른 위치에 서게 하는가? 그 이유는 명쾌하다. 다름 아닌 정신력과 노력이 사람의 가치를 결정하는 것이다. 항상 최후에 웃는 자는 강인한 정신력으로 부단히 노력한 사람이다. 끝까지 포기하지 않았던 사람이다.

사람은 누구에게나 성공 본능이 있다. 진정한 의미의 성공이란 스스로 세운 뜻의 완성에 있고, 그러므로 성공 본능은 자기만족이랄 수 있다. 나는 부자로 살고 싶은데 가난뱅이로 살고 있다면 자기 불만족이다. 능력을 인정받으며 당당하게 살고 싶은데 그렇지 못하면 불만이 쌓이기 마련이다. 자기가 스스로 꿈꾸었던 멋진 자화상과 멀어진 초라한 모습은 인간의 성공본능(자존심)을 여지없이 건드린다.

너무도 당연한 말이지만, 인간은 육체와 정신으로 이루어져 있다. 정신은 항상 최상의 것을 추구하는 데 반해 육체는 편안함을 원한다.

한 예로 무더운 여름날 시원한 나무그늘 밑에 거지가 누워 있다고 하자. 그는 눈을 꿈벅거리며 이런 생각을 할 것이다.

'나에게 돈이 넘치도록 많았으면 좋겠다. 만약 그렇게만 된다면 훌륭한 저택을 사고, 최고급 승용차를 굴리고, 맛있는 음식으로 식사하고, 아름다운 여자를 아내로 맞이하여 행복하게 살텐데…….'

거지의 이런 바람은 지극히 인간적이고도 정상적이다. 사람이라면 누구나 그렇다. 상상으로는 황홀한 꿈을 꾼다. 자신의 모습을 멋지고 화려하게 변신시키는 것이 정신이다. 이렇듯 인간의 정신은 나름대로 최상의 것을 추구한다. 운동선수는 누구나 최고의 선수가 되었으면 한다. 학생들은 공부를 잘했으면 하고 생각한다.

그러나 이렇게 멋지고 훌륭한 생각들과는 다르게 육체는 시큰둥한 반응을 보인다. 거지는 시원한 그늘에 그대로 누워 일어나지를 않는다. 누워 있는 것이 일어나서 일하는 것

보다 편하기 때문이다. 인정받지 못한 운동선수는 체력의
한계를 느낄 때까지 피나는 훈련을 하지 않는다. 열등생은
공부를 하지 않는다.

최상의 것을 꿈꾸는 정신에 몸이 따르지 않을 때는 헛된
공상이 된다. 헛된 공상은 인간을 더욱 초라하게 만든다. 인
간의 발전과 성취를 가져다주는 모든 것은 하는 것보다 하
지 않을 때 몸이 편하다. 반면에 인간의 정신을 병들게 하는
것은 하지 않는 것보다 하는 것이 쉽고도 편하다.

수학문제를 풀어가는 데에도 공식이 있듯이 세상을 살아
가는 데에도 법칙은 있기 마련이다. 농부는 가을에 더 많은
곡식을 거두기 위해서 먼저 봄에 씨앗을 뿌리고 결실의 풍
요를 얻기 위해서 땀을 흘리지 않는가?

마음에는 몸이 따라야 한다. 부자가 되고 싶다면 돈의 흐
름을 파악하고 그것을 잡기 위한 혼신의 노력이 뒤따라야
한다. 최고의 선수가 되고 싶다면 밤낮을 가리지 않고 연습
해야 한다. 공부도 다른 것도 마찬가지이다.

흔히 자본주의 사회를 경쟁사회라고 한다. 경쟁사회에서
는 '힘의 논리'가 인간을 지배하며, 얼마만큼 노력했는가에
따라 인간의 우열은 판가름된다. 따라서 나약한 자는 강한
자의 지배를 받게 되고, 게으른 자는 부지런한 자의 지배를
받아야 하는 것이 당연한 논리이다. 능력이 없으면서 능력
있는 사람과 똑같은 대우를 받고자 하고 노력은 하지 않으
면서 멋진 인생만을 꿈꾸는 자는 반미치광이나 다름없다.

성공과 행운은 눈먼 장님이 아니다. 의지가 박약하고 나
태한 인간에게 행운을 안겨주지 않는다. 씨를 뿌리고 땀 흘
려 가꾼 자만이 열매를 거둘 수 있는 무대가 바로 삶이다.

인간의 성공은 무엇인가를 하고자 하는 의지와 실행의 결과이다. 견인불발(堅忍不拔)의 정신력과 백절불굴(百折不屈)의 행동력은 성공하는 사람들이 갖는 공통된 조건이다.

건전한 욕구불만은 갖는 것이 바람직하다. 욕심없이 살아간다고 하여 물에 물 탄 듯 술에 술 탄 듯 엄벙덤벙 살아가는 것은 자유의지를 가진 인간으로서의 최고의 수치다.

욕구불만은 무서운 힘과 엄청난 파괴력을 갖고 있다. 모든 지상의 역사는 인간의 욕구불만에 의하여 진보와 파괴를 반복해 왔다. 문명의 발달도 욕구불만을 해소시키려는 과정에서 얻어진 산물이고, 전쟁과 범죄도 욕구불만의 결과이다. 그 힘이 긍정적으로 작용하여 예술과 문학으로, 학문과 연구로, 사업이나 스포츠 등으로 승화된 사람은 성취감과 만족을 느낀다.

반면에 욕심을 채우기 위해 도둑질을, 성욕을 채우기 위해 강간을 하는 등으로 발산되었을 경우에는 타인에게 해를 입히고 자신과 사회를 파괴시키는 불행한 결과를 낳는다. 사람은 노력하면 노력한 만큼 향상하는 생물이다. 가난하여 부에 대한 욕구불만이 강하다면 가난을 문제삼아 현세의 부를 이토록 불공평하게 배분해 버린 운명을 저주하지 말고 부자가 되는 방법을 찾는 것이 훨씬 바람직하다.

투쟁심이 강하여 싸움을 잘하는 성품의 소년이 있다고 하자. 다른 사람과 싸우고 싶은 욕구 때문에 소년은 항상 몸이 근질근질거린다. 그 욕구불만이 파괴적으로 분출될 때 소년은 불량배가 되어 범법자로 전락한다. 그러나 권투 등의 격투기로 욕구불만을 승화시킨다면 세계 챔피언의 영예를 누릴 수도 있다.

　자신의 못생긴 얼굴을 개성화하여 유명한 코미디언이 된 사람이 있다. 자신의 불구를 보상키 위해 부지런히 노력하여 다른 분야에서 뛰어난 업적을 남긴 사람은 숱하게 많다.

5) 긍정적 사고와 적극적 행동을 하라

　"나는 왜 이렇게 되는 일이 없을까. 돈도 빽도 없고……. 아아, 살아갈 낙이 없다."

　"나는 왜 이렇게 못생겼을까. 나를 이렇게 졸작으로 만든 부모가 원망스럽다."

　"나는 왜 이렇게 멍청할까. 아무리 공부를 하려고 해도 머리가 돌이니 희망이 없어."

　이렇게 부정적인 말을 외우고 다니지 말라. 생각과 말로 자기 자신을 무시하고 천대하면 상황은 더욱 악화될 뿐 절대로 호전되지 않는다. 심리학에서는 '암시(暗示)'의 무서운 힘을 거듭거듭 역설하고 있다. 마음의 힘이 인생과 건강을 좌우한다는 것이 심리학의 핵심이다.

　인간의 생각은 육체를 지배하고 조종한다. 당신이 속으로 지쳐 있다고 생각하면 육체의 모든 부분과 신경, 그리고 근육은 그 사실을 그대로 받아들인다. 반면에 당신의 마음이 어떤 일에 관심을 기울이고 있다면 한없이 활동을 전개할 수 있다.

　《신념의 마력》의 저자 클라우드 M.브리스톨은 '사고는 자력(磁力)'이란 말로 마음의 힘을 설명하고 있다. 창조적이고 적극적인 사고방식은 적극적인 결과를 낳게 되고, 공포심은 두려워하던 바로 그 결과를 만들어내는 자력을 가진다는 것이다.

필자는 이 말의 진실성을 직접 확인한 경험이 있다.

연전에 필자의 절친한 친구 한 사람이 암으로 세상을 떠났다. 그는 자기의 아버지와 작은 아버지가 암으로 죽은 후부터 암에 대한 공포에 사로잡혀 지냈었다. 소심한 성격의 그는 몸의 상태가 조금만 이상해도 혹시 암이 아닐까 하고 걱정했다.

"이 친구야, 그렇게 걱정하다가는 없는 병도 생기고 말겠네. 속 시원하게 당장 병원으로 달려가서 진찰을 받아보게."

나는 친구에게 진찰을 받아볼 것을 권유했다. 진찰 결과 건강에 이상이 없다는 진단이 나왔다.

"혹시 오진이 아닐까? 아니면 나를 안심시키려고 의사가 거짓말을 했는지도 몰라."

친구는 참으로 안타깝게도 의사의 진단결과를 믿지 않았다. 그래서 여러 병원을 전전하며 진단을 받았다. 병원마다 암이 아니라는 진단이 나왔지만 친구의 의심은 해소되지 않았다.

그리고 결국 의심 끝에 암에 걸려 세상을 뜨고 말았다. 친구의 어처구니없는 죽음을 보고 필자는 생각했다. 부정적인 마음은 없던 병도 만든다고.

사고, 즉 생각에는 놀라운 마력이 있다. 생각의 힘은 불가능을 가능케 한다. 안 되는 것을 되게 한다. 질병을 치료하고 불행을 행복으로 바꾸어놓는다. 물론 그 생각은 적극적이고 건설적이어야 한다.

사고란 묘한 것이다. 건설적인 생각을 계속하면 늘 좋은

일이 생기고, 파괴적인 생각을 계속하면 계속해서 나쁜 일
만 생긴다. 이것이 바로 '사고의 법칙'이다.

그럼에도 불구하고 많은 사람들은 자기의 실패와 질병을
남의 탓으로 돌린다. 그러나 사고의 결과는 분명하다. 좋은
생각은 좋은 결과를 낳고 나쁜 생각은 나쁜 결과를 낳는다
는 것이다.

6) 범사에 감사하라

인간은 행복의 절정에 있다 하더라도 불행의 밑바닥으로
떨어지는 데는 일순(一瞬)밖에 걸리지 않는다. 그러나 불행
한 인간이 행복을 얻기 위해서는 일생이 걸릴 수도 있다.

행복과 불행은 스스로의 마음에서 결정된다. 어려운 상황
속에서도 나름대로 행복을 느끼는 사람이 있는가 하면, 남
보다 좋은 조건 속에서도 스스로 불행하다고 여기는 사람도
있다.

불행의 원인은 만족하지 못하는 마음과 감사하지 못하는
생활 속에 있다. 다시 말해서 자기가 이미 가지고 있는 것에
대한 가치평가를 올바르게 하지 못하기 때문인 것이다. 흔
히 하는 말이지만, 사람은 건강할 때 건강의 소중함에 대하
여 소홀히 생각하기 쉽다. 친구가 곁에 있을 때는 친구라는
존재의 소중함을 망각하고 살기 쉽다.

인생의 행복을 구가하기 위해서는 자기에게 부여된 축복
과 이미 소유하고 있는 것의 소중함을 헤아리며 살아야
한다. 세상에는 항상 당신의 불행보다 더 큰 불행에 고통받
고 신음하는 사람들이 존재하고 있는 것이다. 다음의 삽화

는 감사와 만족의 상태를 시사하고 있다.

    날마다 신령님께 소원을 비는 사내가 있었다. 그 사내는 무슨 일이든 그저 불평불만을 늘어놓으며 신령님이 잘 해결해 주기만을 빌었는데 날마다 다른 소원을 빌었다.

    신령님은 난처했다. 그 남자의 소원을 한번이라도 들어주게 되면 그 사람은 더욱 신이 나서 끝도 없이 소원을 빌 것이고, 무시해 버리자니 자기에게 소원을 비는 사람이라 모른 체하기가 마음 편치 않았던 것이다.

    그래서 하루는 신령님이 사내의 꿈에 나타나서 말했다.

    "무엇이든지 세 가지 소원을 들어 주마. 그러고는 아무것도 해주지 않을 것이니 신중하게 생각해서 세 가지만 청하도록 해라."

    사내는 몹시 기뻐하며 무슨 소원을 빌까 곰곰이 생각했다. 그런데 마침 그때는 부인과 부부싸움을 하고 난 직후였다. 그래서 사내는 문득 더 좋은 여자와 결혼을 할 수 있었으면 좋겠다고 생각하고 신령님에게 자기 아내를 죽게 해달라고 빌었다.

    소원은 곧 성취되어 아내가 죽었다. 친척과 이웃사람들이 모여서 장례를 치르게 되었다. 사람들은 저마다 눈물을 흘리며 슬퍼했다.

    "원 세상에, 이렇게 갑자기 죽다니! 생전에 더할 수 없이 마음씨 곱고 상냥하던 사람이었는데……."

    "이 동네에서 가장 예의바르고 부지런한 사람이었지요."

    "생김새는 얼마나 예뻤고요. 그런 여자는 아마도 다시 없을 겁니다."

사람들은 입을 모아 죽은 사람을 칭찬하며 아까워했다.

그제서야 사내는 자기가 뭔가 잘못 생각했다는 것을 깨달았다. 잠깐 동안의 실수로 훌륭한 아내를 잃었다고 생각하니 말할 수 없으리만큼 후회가 되었다. 죽은 아내보다 더 좋은 여자를 만난다 해도 어쩐지 행복해질 것 같지 않았던 것이다.

그래서 사나이는 부랴부랴 신령님께 소원을 빌었는데, 이번에는 죽은 아내를 다시 살려달라는 것이었다. 소원대로 아내는 다시 살아났다.

이제 소원을 빌 수 있는 기회는 딱 한번밖에 남지 않게 되었다. 또 실수하여 엉뚱한 소원을 빈다면 이번에는 바로잡을 기회조차 없었다.

사내는 가장 좋은 소원을 빌기 위해서 생각에 생각을 거듭했다. 먼저 오래 사는 일을 빌까 생각했으나 건강하지 못하다면 오래 사는 일도 아무런 의미가 없을 것 같았다. 그래서 늘 건강하게 해달라고 할까도 생각했으나, 건강해도 가난하게 산다면 재미있을 것 같지가 않았다. 돈이 많아져도 좋겠지만 돈만 많고 친구가 없다면 무슨 소용일까 생각되어 뭔가 한 가지를 결정할 수가 없었다.

생각하는 동안에 많은 세월이 흘러갔다. 그러나 남자는 아직도 어느 하나를 결정할 수가 없었다.

마침내 생각만으로 지쳐버린 남자는 신령님에게 빌었다.

"신령님, 제가 신령님께 무엇을 청해야 할지를 알려 주십시오."

소원을 들은 신령님은 딱하다는 듯이 웃으며 말했다.

"앞으로는 만족할 줄 아는 마음을 가지도록 해라."

흔히 사람들은 자기가 가진 것의 소중함을 잊고 사는 경우가 많다.

"병든 후에야 비로소 건강이 보배인 줄 알고, 난세에 처한 뒤에야 평화가 복됨을 생각하는 것은 지혜라고 할 바가 못 된다. 복을 구하기에 앞서 그것이 재앙의 근본이 됨을 알며, 생을 탐하기에 앞서 그것이 죽음의 원인이 됨을 아는 것이야말로 뛰어난 지혜가 아니겠는가."

《채근담》에 나와 있는 말이다.

이 말이 의미하는 것처럼 인간에게 행복의 소중함을 깨우쳐주는 것은 불행이다. 불행에 처했을 때 인간은 비로소 행복이란 추상명사를 헤아리게 된다.

지난 가을의 어느 날, 필자는 인세(印稅)로 받은 300만 원을 눈 깜짝할 사이에 소매치기당했다. 무지무지하게 화가 났다. 몹시도 가슴이 쓰라리고 우울했기 때문에 대낮부터 폭음을 했다.

그런데 바로 이날 오후 필자의 어린 아들이 보이지 않았다. 어디선가 놀고 있으려니 했는데 해가 지도록 돌아오지 않았다. 아이가 갈 만한 곳을 찾아다녔지만 어디에도 아이는 없었다.

"어디로 갔을까? 어떻게 된 일일까? 무서운 사고를 당한 것이나 아닐까?"

취기가 삼천리 밖으로 달아나며 정신이 번쩍 들었다. 소매치기당한 돈에 대한 생각도 까맣게 잊었다. 오직 아이 생각뿐이었다. 아이가 그 무엇보다 소중한 존재가 되어 나의 온 신경을 지배했다. 불과 몇 시간 전에는 소매치기당한 돈이 가장 아깝고 소중하다고 생각했는데 일순간에 소중한 것의 개념이 바뀐 것이었다.

아이가 그 무엇보다 소중한 존재라는 사실을 잃어버린 다음에야 자각했지만 사실은 전부터 소중한 존재였다. 없어진 다음에야 비로소 아이가 전부터 소중했고 내가 오래 전부터 아이를 사랑했다는 사실을 깨달은 것이다.

다행히 길을 잃고 헤매고 있는 아이를 찾았다. 그날밤 나는 깊은 생각에 잠겨들었다. 그리고 내가 누리고 있는 행복에 감사했다.

온가족이 식탁에 앉아 저녁을 먹는다는 사실만으로도 감사할 일이다. 가족 중의 누군가가 불행에 처했을 때 곧바로 그것은 확인된다. 그 평범했던 저녁 식탁이 바로 행복이었다는 사실을 깨닫게 되는 것이다.

그런 것을 생각해 볼 때 살아 있는 사람이 감사하지 못할 일은 하나도 없다. 세상에 불평불만을 품고 있는 사람은, "얻어먹을 수 있는 힘만 있어도 그것은 주님의 은총입니다."라는 꽃동네의 표어를 음미해 볼 일이다.

사람이 세상을 살아가는 방법은 저마다 다르다. 어떤 사람은 '불평'이라는 안경을 쓰고 불만스럽게 세상을 살아간다. 이런 사람의 눈에는 세상의 모든 일이 불평스럽게만 받아들여진다. 모든 것이 자기에게 불공평하고, 자기에게는 불리하다고 생각한다. 그렇기 때문에 이런 사람의 얼굴과 마음은 항상 짜증으로 가득 차 있다.

반면에 '감사'라는 안경을 쓰고 살아가는 사람들이 있다. 이들의 눈에 비치는 세상은 모든 것이 감사하기만 하다.

생활이 풍부해지고 행복해지는 지름길은 지금 자신의 신변에 베풀어지고 있는 것에 대하여 감사하고 축복하는 일이다. 마음의 문을 활짝 열고 세상을 보면 이미 풍부한 은총 속에서 살고 있다는 사실을 깨닫게 된다.

7) 유머감각을 키워라

소문만복래(笑門萬福來)라고 했다. 문자 그대로 웃는 문에는 만 가지 복이 찾아온다는 말이다. 한국인이라면 이 말을 모르는 사람은 없을 것이다. 그런데도 우리나라 사람들은 대체로 웃음이 적다.

전통적으로 유교를 숭상한 점잖은 선비기질을 이어받은 탓인지, 아니면 생활환경에 밝은 구석이 적기 때문인지는 모르지만 웃음을 잃고 산다는 것은 대단히 불행한 일이다.

인간생활에 있어 웃음의 효용은 참으로 크다. 서로의 거리를 좁히는 최대의 커뮤니케이션이 바로 웃음이다. 우울한 얼굴, 찌푸린 얼굴은 보는 사람의 기분까지 나쁘게 한다. 반면에 웃는 얼굴은 참으로 명랑해 보이고 아름답게 보이며 보는 사람의 마음도 기쁘게 한다.

아름다운 의복보다는 웃는 얼굴이 더 인상적이다. 기분 나쁜 일이 있더라도 웃음으로 넘겨보라. 찡그린 얼굴을 펴기만 하는 것으로 마음도 따라서 펴지는 것이다.

거듭 강조하지만, 유쾌하게 지내는 것이 가장 좋은 건강법이고 장수의 비결이기도 하다. 웃는 얼굴은 얼굴의 좋은 화장일 뿐 아니라 생리적으로도 피의 순환을 좋게 하는 효과가 있다. 그렇기 때문에 웃음은 행복한 인생의 신약이라고 할 수 있다. 또 사람이 하루에 10번 이상 웃으면 스트레스를 받지 않는다고 한다.

8) 스트레스 이렇게 푼다

■ 웃어라

누군가 말하기를, "사람은 슬프기 때문에 우는 것이 아니라 울기 때문에 슬픈 것이다."라고 했다. 짜증난 표정을 짓거나 슬픈 얼굴을 하면 마음도 덩달아 표정을 따라가게 된다는 것이다.

웃음도 마찬가지의 원리가 적용된다. 아무리 짜증나더라도 웃으면 마치 거짓말처럼 마음이 유쾌해지는 것이다.

웃어라. 웃으면 모든 것이 좋게 작용하여 당신에게 건강과 평화와 행복을 선물해 준다.

① 웃고 싶지 않을 때는 꼭 웃어라.
② 얼굴 전체로 활짝 웃어라.
③ 인상을 펴고 밝은 표정을 지어라.
④ 큰소리로 웃어라.

■ 생활의 리듬을 지켜라

규칙적이고 율동적인 운동은 바람직한 스트레스 대처방안 중의 하나이다. 적당한 운동은 기분을 상쾌하게 하고 걱정거리를 즉석에서 몰아내는 데에도 효과적이다.

일에 쫓긴다고 생활의 리듬을 잃으면 스트레스를 피할 방도가 없다. 일할 때는 열심히 일하고, 놀 때는 신나게 놀고, 쉴 때는 푹 쉬는 것이 가장 바람직한 생활형태이다.

인간의 육체나 정신의 기능도 일정한 한계가 있다. 때문에 일할 때와 쉴 때와 잠잘 때의 구분을 명확하게 하는 것이 좋다. 일에 매몰되어 휴식과 취침의 시간을 빼앗기는 것은 바람직하지 못하다.

일에서 파생되는 스트레스에 대처하기 위해서는 다음 사항에 유의해야 한다.

① 업무를 정확하게 파악하고 일을 지배한다.
② 업무량을 정확히 점검한다.
③ 업무의 우선순위를 정해 중요한 일부터 처리한다.
④ 업무처리 계획을 세우고 그날 일은 그날 처리하는 습관을 기른다.
⑤ 자기의 능력으로 보아 무리한 일은 과감히 거절한다.
⑥ 지나치게 일욕심을 내지 않는다.

■ 자신의 철학으로 생활하라

남과 경쟁하기보다는 자기 스스로 할 수 있는 일에 대해 확실한 목표의식을 확립하라. 그리고 어디까지나 자기 자신과 경쟁하라. 자기 자신을 기준으로 하여 어제보다 오늘이, 오늘보다 내일이 조금씩 진보하다면 그것이 바로 큰 성공이다.

인생은 각자 각양각색이다. 인간이 자기 자신의 개성을 표현한다는 그 자체가 행복임과 동시에 즐거운 것이다. 항상 남을 의식하고 사는 사람은 자기의 개성표현을 하지 못한다.

자기 철학을 갖지 못하는 사람은 남과 경쟁한다. 유행에 민감하다. 자기의 적성과 개성과 형편을 고려하지 않고 오로지 남을 따라가는 것이다.

금년 여름 젊은 여성들 사이에 속칭 '배꼽티'가 유행했다. 그러자 많은 여성들이 배꼽티를 입고 거리를 활보했다. 필자가 보기에 그런 복장을 해서 매력적인 여성도 있었고 혐오감을 느끼게 하는 여성도 있었다. 배에 지방질이 가득한 여성이 배꼽티를 입고 활보하는 모습은 참으로 불쌍하고 가련하게 보이기까지 했다.

세상에는 그 사람에게 어울리는 것도 있고 그렇지 않은 것도 있다. 세상이 그러하니까 나도 유행을 따라간다는 것은 원숭이의 지능레벨과 흡사하다. 유행을 추구함으로써 자기만의 독특한 개성을 몰각한 것이다.

사회의 안녕질서를 혼란하게 하지 않는 한 인간은 자유스럽게 자기의 길을 가면 그만이다. 남들은 남들의 생활방식이 있고 나는 나대로의 생활방식이 있는 것이다. 대체로 주체성이 결여된 인생처럼 넌센스한 것은 없다.

세상의 유행에 민감한 사람이나 타인과 경쟁하는 사람은 욕구불만이 많을 수밖에 없다. 남들을 앞지르거나 따라가지 못할 때 극심한 열패감을 느껴 끝탕에 몸과 마음을 상하게 되는 것이다.

그러나 자기 자신과 경쟁하는 사람은 부질없는 감정의 소용돌이에 휘말리지 않는다. 스스로 확립한 목표를 향해 조금씩조금씩 전진함으로써 진정한 자기 발전과 만족을 느낄 수 있는 것이다.

■ 개성에 맞는 취미생활을 가져라

남들이 다 한다고 해서 좋은 것은 아니다. 자기 취향에 알맞은 것이면 무엇이든 좋다. 등산, 낚시, 독서, 음악감상,

영화감상, 바둑, 고스톱, 스포츠관람 등 어떤 것이든 재미있게 시간을 보낼 수 있는 것은 무엇이든 좋다. 야구장에 가서 목청껏 응원을 함으로써 억압되거나 응어리져 있던 감정이 발산되기도 하며, 잡기를 즐기면서 정신적 에너지를 저축할 수도 있는 것이다. 지속적인 고차원의 정신적 활동을 잠시 쉬게 하는 데 레크리에이션의 목적이 있는 것이다.

■마음의 여유를 가져라

"앉아 있지 말아라. 고민할 것도 없다. 빨리 행동에 옮겨라!"

"뛰면서 생각하라!"

성장 일변도의 사회에서는 '빨리빨리의 행동력'이 설득력을 가지고 사람들의 의식을 지배한다. 빨리 판단하고 빨리 결정하여 빨리 행동에 옮기는 사람이 유능한 사람인 양 생각되도록 조장하는 것이다.

일견 그럴듯하지만 '빨리빨리 행동력'의 결과가 마냥 좋은 것만은 아니다. 깊이 생각하지 않고 결과에 집착하여 행동으로 옮기면 대개 실패한다. 빨리빨리 집을 지으니까 부실공사가 되고, 빨리빨리 정책을 세우니까 상황의 변화에 따라 이리저리 휘청거리는 것이다.

세계적인 기업 IBM의 모토는 '생각하라(THINK)'이다. 이 말은 결정을 빨리 내리기 위해 생각하라는 뜻이 아니라 그 반대이다. 행동을 유보하고 충분히 생각한 다음에 결정을 내리고 행동해야 돌이킬 수 없는 실책을 저지르는 일이 줄어든다는 말이다.

인생은 앞만 보고 정신없이 뛰어야 하는 100미터 경주가 아니다. 생을 마감하는 순간까지 끝없이 뛰어야 하는 장거리경주인 것이다. 그러므로 뒤도 돌아보고 옆도 보면서 뛰는 마음의 여유가 절대 필요하다. 눈앞의 이익과 출세와 욕망에 급급하여 뛰다 보면 마음의 여유를 찾을 겨를이 없다.

불철주야 사업에만 몰두하여 대기업체를 이룩한 어느 노사업가의 독백이 생각난다.

"아아, 나는 사업에 미쳐서 인생에서 정말로 소중하다고 할 만한 많은 것을 잃었다."

돈과 출세라는 것도 결국은 인간의 행복을 위해서 있는 것이다. 그런데 돈과 출세를 위하여 자기가 누릴 수 있는 행복을 희생시키는 사람은 어리석다. 어디까지나 마음의 여유를 갖고 인생을 멀리 보며 살아야 한다. 궁극적인 인생의 목적이 어디에 있는가를 깊이 사색하면 바람직한 인생관을 가질 수 있을 것이다.

■ 사랑하라

인간의 행동 중에서 가장 중요한 행동은 사랑의 행동이다. 모든 인간은 사랑의 결과로 태어났고, 어버이의 사랑과 많은 사람들의 도움이 있었기에 성장이 가능했다. 다시 말해서, 우리는 누군가의 사랑과 도움이 있었기에 지금의 이 모습으로 존재하고 있는 것이다.

인간에게서 사랑을 빼버리면 태양에서 빛을 빼버린 것과도 같다. 인생에는 사랑이 있기 때문에 기쁨이 있고 향기가 있다. 사랑으로 인하여 보람이 있고 행복이 있다.

모든 일을 정중하고 친절하게 할 수 없는 것은 사랑이 부족하기 때문이다.

사랑은 추상적인 개념이 아니다. 자신으로 하여금 공손하고 친절하도록 몰아세우는 힘이 사랑인 것이다.

사랑은 남에게 상처를 입히는 것을 싫어한다. 행동이나 말, 사고에 있어서 전혀 남을 해치지 않는 마음이 되었을 때 그 사람의사랑은 완성에 이르는 것이다. 더 나아가서 적극적으로 타인을 위해 봉사하는 마음으로 가득 찼을 때 사랑은 더한층 완숙해진다.

사랑이 충만한 사람들은 말로는 표현할 수 없는 어떤 느낌을 받게 된다. 과학자들은 이런 느낌을 천연모르핀인 엔돌핀의 작용이라고 한다. 사랑하는 마음으로 다른 사람과 기분좋은 사교접촉을 할 때 몸속에서 엔돌핀이 다량으로 쏟아져 안정과 평화를 준다는 것이다. 이때의 감각은 마치 장거리 주자가 완주한 후에 맛보는 충족감·성취감 뒤에 찾아오는 고요한 안정감과도 흡사하다고 한다.

최근의 한 연구에 의하면 사랑의 마음이 넘치는 사람은 절대로 스트레스를 받지 않을 뿐만 아니라 신경질환이나 암 등의 병에 걸리지 않는다고 한다. 엔돌핀이 면역기능과 저항력을 갖게 하기 때문에 병균이 침투할 수 없다는 것이다.

사랑하는 사람은 사람을 미워하지 않는다. 미워하지 않기 때문에 화를 내지 않는다. 상대가 아무리 큰 잘못을 해도 미워하지 않고 측은하게 생각한다. 사람을 미워하면 자연히 증오의 감정이 따른다. 그러나 측은하게 생각하면 도와주어 구제할 마음이 생기게 된다.

인간은 누구나 완전하지 못하다. 완전하지 못하기 때문에 곧잘 잘못된 길로 접어들 수가 있다. 격렬한 정열이 일어날 때, 피가 뜨거워질 때, 유혹적인 기회에 직면할 때, 매력이 넘치는 모든 것들에 대해서는 완강히 저항하기가 쉽지 않다. 그래서 잘못된 길로 빠져드는 것이다.

만일 당신이 불행에 처한 사람들과 똑같은 외적·내적 사정이 겹쳤다면 절대로 잘못되지 않을 것이라고 장담할 수 있는가. 막상 그런 사정에 직면하게 되면 당신도 별수없이 잘못된 길로 들어서게 될는지도 모른다. 다른 사람이 잘못한 일이라면 나도 얼마든지 잘못할 수 있는 것이다.

사랑하는 사람은 사랑을 받는다. 남의 허물을 덮어주는 사람은 자신의 허물도 남들이 덮어준다. 모두가 완전하지 못하기 때문에 서로 사랑하고 용서하는 것이다.

독일의 시인 괴테는 '사랑은 인간생존의 주성분'이라고 했다. 괴테의 다음 말은 마음 깊이 음미할 가치가 충분히 있다.

- 우리는 어디서 태어났는가 — 사랑에서
- 우리는 왜 멸망하는가 — 사랑이 없기 때문에
- 우리는 무엇으로 자기를 이길 수 있는가 — 사랑에 의해서
- 우리를 역경에 구출하는 것은 무엇인가 — 사랑
- 우리를 항상 결합시키는 것은 무엇인가 — 사랑

제2장

웃음의 사회학

웃음은 마음의 화장이다.
용모를 아름답게 하려면 항상
자신의 마음을 사랑으로 가득 채울 필요가 있다.
왜냐하면 그 사람의 일상에서
마음속에 가장 많이 간직하고 있는 생각이
용모에 나타나기 때문이다.
일반적으로 고상한 기분을 일으켰을 때는
그 사람의 용모에 숭고미가
나타난다.

■ 잠시 웃게 하는 농담 몇 마디

독재자와 우표

어느 독재자가 자신의 얼굴을 모델로 하여 우표를 제작한 후, 국민들로부터 어떠한 반응을 얻고 있는지가 궁금했다. 그래서 하루는 우표 파는 상점주인에게 그것을 물었다. 상점주인이 대답했다.

"사는 사람이 많습니다. 그런데 우표가 종이에 잘 붙지 않는 것이 흠이라면 흠이지요."

독재자는 우표가 많이 팔린다는 소리에 기분이 좋았지만, 우표가 잘 붙지 않는다는 사실이 미심쩍었다. 그래서 우표 한 장을 달라고 해서 침을 발라 종이에 탁 붙였는데 기막히게도 잘 붙었다.

"아니, 이렇게 잘 붙는데 붙지 않는다는 것은 웬 말이냐?"

독재자의 호통에 상점주인은 쩔쩔매면서 이렇게 말했다.

"국민들이 뒷면에 침을 바르지 않고 앞면에다 침을 퉤퉤 뱉기 때문입니다."

바 보

어떤 사람이 양 귓볼이 빨갛게 되어 가지고 친구들의 모임에 참석했다. 한 친구가 물었다.

"귀가 왜 그렇게 빨개?"

"끔찍한 일이었어. 오늘 저녁에 입을 셔츠를 다림질하고 있는데 전화벨이 울리더군. 수화기 대신에 그만 다리미를 귀에 대지 않았겠나."

"오우, 아주 끔찍하군! 그런데 반대편 귀는 왜 빨갛지?"

"그 친구가 또다시 전화를 했거든."

시간의 ⋅ 비밀

어느 대학교수가 여름방학을 틈타 멕시코로 여행을 갔다. 교수는 호텔에서 잠시 휴식을 취한 후에 거리로 나와 이곳저곳을 구경했다. 그러다가 시간을 보려고 팔목을 보니 시계가 없었다. 깜박 잊고 호텔에다 손목시계를 풀어놓고 나온 것이다. 할 수 없이 길가에 앉아 있는 멕시코인에게 시간을 물어보았다.

그러자 그 멕시코인은 덤덤한 표정으로 자신의 옆에 서 있는 당나귀의 축 처진 고환을 살짝 들어올렸다 내린 다음에 대답했다.

"지금은 5시 38분이오."

교수는 고맙다고 인사하다가 문득 멕시코인의 팔목을 살폈다. 그도 시계를 차고 있지 않았다.

'이상하군. 시계도 없으면서 어떻게 정확한 시간을 알 수 있을까?'

교수는 이렇게 생각하며 곧장 호텔로 돌아와 시간을 확인했다. 돌아오는 데 소요된 시간을 어림잡아 계산해 보니 대충 들어맞았다.

호기심이 동한 교수는 손목시계를 호주머니에 넣고 다시 그 멕시코인이 앉아 있는 장소로 갔다.

"지금은 몇 시입니까?"

교수가 묻자 멕시코인은 '또 왔소?' 하는 표정으로 교수의 얼굴을 올려다보다가 천천히 당나귀의 고환을 치켜들며 말했다.

"지금은 5시 52분이오."

교수는 멕시코인 모르게 슬쩍 호주머니 속에서 손목시계를 꺼내 시간을 확인했다. 정확하게 맞았다. 교수는 정말 신기하고 이상해서 묻지 않고는 견딜 수 없었다.

"당신은 시계도 보지 않고 어떻게 정확한 시간을 아십니까? 그 비법을 내게도 가르쳐주시오. 사례를 하겠소."

교수는 돈을 쥐어주며 부탁했다. 그러자 멕시코인은 멋쩍게 웃으며 이렇게 말했다.

"당신도 여기 앉아서 당나귀의 고환을 들어보시오."

교수는 그 말대로 하였다. 그러자 당나귀의 다리 사이로 교회의 시계탑이 보이는 것이었다.

1. 웃음과 사회

사람은 혼자 있을 때 별로 웃지 않는다. 다른 사람과 어울려서 교감을 나눌 때 웃음이 생기고 전파된다. 또 사교웃음이나 애교웃음이 나오는 것도 원활한 인간관계를 위해서이다.

이런 것을 놓고 볼 때 웃음은 다분히 사회적 생리현상이다. 웃음은 인류에게 보편적이지만 표현방법은 각각 그 사회의 문화에 따라 서로 다르다. 서양인의 웃음은 표정의 변환이 빠르지만 동양인의 웃음은 오래간다. 이것을 오리엔탈스마일이라고 한다.

웃을 때와 웃지 않아야 할 때도 차이가 있다.

서양인들이 혀를 찰 만한 실수를 한국인은 멋쩍은 웃음으로 처리한다. 웃음의 차이는 다른 나라 사람이 오해하게 되는 원인이 되기도 하는데, 그것은 문화에 대한 상호간의 이해가 부족하기 때문이다.

대부분의 문화에서 웃음은 여러 가지 형태로 의례적으로 제도화되어 있다. 이를테면 우리 한국의 전통극은 희극만으로 이루어져 있다. 비극적 요소마저도 희극으로 처리되어 눈물 어린 웃음을 자아내게 하는 경우가 많다. 또한 해학을 통한 비판을 너그럽게 보았기에 세계의 어느 나라에서도 찾아볼 수 없을 만큼의 방대한 해학을 남겼다.

웃음은 인간의 몸과 마음, 그리고 다른 사람과의 접속점이고 생의 기본요건으로 쾌적한 정신활동을 의미한다. 사람이 불안과 공포에 시달리거나 격노했을 때, 그리고 누군가를 깊이 동정하거나 불쌍히 여기고 있을 때는 웃음이 나오지 않는다. 따라서 웃음은 그 사람에게 큰 불행이나 위험이 없다는 감정을 토대로 한 반응인 것이다.

2. 웃음의 효용

고대 그리스의 대철학자 아리스토텔레스는, "동물 중에서 웃는 것은 인간뿐이다."라고 말했다. 그러나 유인원인 침팬지나 오랑우탄 등은 인간의 웃는 얼굴과 비슷한 얼굴 표정을 한다. 또 발정한 암말의 오줌은 독특한 냄새가 나기 때문에 수말은 그 냄새를 맡기 위하여 콧구멍을 벌리는 독특한 표정을 짓는다. 정동반응(情動反應)인데, 이것을 '말이 웃는다'고 한다.

이 글을 쓰면서 필자는 동물들을 유심히 관찰해 보았다. 그런데 화내거나 우는 모습은 볼 수 있었지만 웃는 모습을 보지는 못했다.

웃음은 고등한 정신작용이다. 인간은 누구든지 찡그린 얼굴을 싫어하고 웃는 모습을 좋아한다. 두말할 것도 없이 불만투성이의 얼굴보다는 웃는 얼굴이 훨씬 편안하고 매력적이기 때문이다.

독일의 철학자 니체는, "웃음을 포함하지 않은 진리는 진리가 아니다."라고 말했으며, 낭만파의 거두 빅토르 위고는, "인생이 엄숙하면 할수록 그만큼 유머는 필요하다."고 말했다.

참으로 인생에 있어서 웃음과 유머는 없어서는 안 될 중요한 요소이다. 인간에게 있어서 웃음이란 대단히 유쾌한 감정의 발로이다. 슬픔의 표현이 눈물인 것처럼 기쁨과 행복의 표현은 웃음이다. 대체적으로 잘 웃는 사람은 행복하다. 웃기 때문에 행복하고 행복하기 때문에 웃는다. 대체로 웃음이 없는 가정은 삭막하고 웃음이 없는 인간관계는 딱딱하여 재미가 없다.

처세철학의 대부라고 할 수 있는 카네기는 웃음에 대하여 이런 글을 싣고 있다.

"크리스마스의 일
밑천이 필요없다. 그러나 이익은 막대하다.
주어도 줄지 않고 받은 자는 풍족해진다.
한순간만 보여도 그 기억은 영원히 계속된다.
어떠한 부자라도 이것 없이는 살 수 없다. 어떤 가난뱅이도 이것에 의해 부자가 된다.
가정에 행복을, 장사엔 선의를 갖게 한다.
우정의 암호, 지친 자에겐 휴양, 실의에 빠진 인간에겐 광명, 슬픈 자에겐 태양, 고민하는 자에겐 자연의 해독제가 된다.
살 수도, 강요할 수도, 빌릴 수도 없다. 공짜로 주어야 비로소 가치가 있다.

크리스마스 세일에서 지친 점원 중에 이것을 보이지 않는 자가 있을 때는, 대단히 죄송하지만 손님의 것을 보여주시기 바랍니다. 미소를 다 짜낸 인간만큼 웃음을 필요로 하는 사람은 없습니다.

웃음의 효용을 잘 함축하고 있는 글이다. 위의 글에서도 잘 나타나 있듯이 웃음의 효용은 참으로 많다. 이것을 크게 5가지로 정리해 보면 다음과 같다.

첫째, 외관을 아름답게 꾸민다.

둘째, 인간관계를 친밀하게 만든다.

셋째, 행복과 성공을 부른다.

넷째, 육체와 정신건강에 좋다.

다섯째, 감정을 정화시켜 마음을 여유롭게 만든다.

1) 외관을 아름답게 꾸민다

밝고 명랑하게 웃는 모습은 아름답다. 아무리 잘생기고 아름다운 사람이라도 찡그리고 있으면 호감이 가지 않는다. 보기에도 괴롭다. 인간은 분위기에 몹시 민감한 동물이고, 그 분위기는 전염성이 강하다. 밝고 명랑한 사람은 함께 있는 사람들의 마음까지도 밝고 명랑하게 만든다. 반면에 찡그리고 있는 사람은 주변 사람들까지 불쾌하게 만든다.

그리고 밝고 명랑한 표정은 주름을 방지한다. 이마를 찡그리고 미간을 여덟 팔(八)자로 하면 이마에 깊은 주름이 생기고 미간에 팔(八)자 주름이 생긴다. 무엇을 깊이 생각하거나 화를 낼 때 미간을 찡그리는 경우에는 미간에 세로로 두

**맑은 마음에서 우러나온 미소는
귀에 늘어뜨린 진주 귀걸이보다도 더욱
그 사람의 고아함을 나타낸다.**

세 줄의 굵은 주름이 생긴다.

물론 자연적 노화현상에서 오는 주름을 막을 수는 없다. 그러나 화를 내거나 찡그릴 때 생기는 주름과 웃을 때 생기는 주름에는 큰 차이가 있다. 전자는 추하다는 느낌을 주지만 후자는 온화하다는 느낌을 준다. 이 말은 마음의 상태가 노화과정에서 표정에 그대로 드러난다는 말이다.

미(美)는 원래 형태에 속하지 않고 정신에 속한다. 그러므로 미의 원천은 정신에 있다. 정신이 맑으면 눈동자도 맑고 미소도 맑다.

눈과 미소의 아름다움에도 여러 가지가 있다. 맑게 트인 눈동자와 해맑은 웃음은 청정하고 티없는 마음을 나타낸다.

용모에 나타나는 정신의 고상함은 손가락에 끼워진 다이아몬드보다 더욱 빛나 그 사람의 아름다움을 나타낸다. 밝고 맑은 마음에서 우러나온 미소는 귀에 늘어뜨린 진주 귀걸이보다도 더욱 그 사람의 고아함을 나타낸다.

웃음은 마음의 화장이다. 용모를 아름답게 하려면 항상 자신의 마음을 사랑으로 가득 채울 필요가 있다. 왜냐하면 그 사람의 일상에서 마음속에 가장 많이 간직하고 있는 생각이 용모에 나타나기 때문이다. 일반적으로 고상한 기분을 일으켰을 때는 그 사람의 용모에 숭고미가 나타난다. 욕체의 욕망이나 물욕을 탐할 때는 그 사람의 용모가 천하게 변한다. 고상하고 천한 것은 결국 인간이 어떠한 감정을 가지고 생활하느냐에 따라 차별이 생기는 것이다.

2) 인간관계를 친밀하게 만든다

"하나님께서 아담이 잠든 틈에 몰래 갈비뼈를 취해 이브를 만든 까닭을 알고 있나?"

"……?"

"허허, 이 기자는 아직 숙맥이군 그래? 그건 남자들에게 교훈을 주기 위해서야."

"교훈이라니요?"

"여성들에게는 미안한 말이지만, 훔친 물건치고 변변한 것은 없다는 교훈이지. 그럼, 여자들이 걸을 때 왜 엉덩이가 실룩실룩 흔들리는지를 아나?"

"……?"

"남자들에게는 있는 추가 여자들에게는 없기 때문이지. 하하하……."

필자가 기자 초년생 시절에 만났던 K교수의 유머였다.

학계에서 명망 높고, 활발한 저술활동으로 한창 필명이 드높았던 K교수를 직접 대면한 것은 그때가 처음이었다.

햇병아리 기자가 평소 우러러 존경하던 K 교수를 취재차 만 났다는 사실에 나는 평상심을 잃고 안절부절못하고 있었다. 그때 K 교수가 그런 유머를 내게 던진 것이었다.

그런 우스갯소리가 마치 거짓말처럼 나의 긴장된 마음을 일순간에 풀어주었다. 근엄하리라고만 믿고 있었는데, 입을 열기만 하면 구구절절이 옳은 공자왈 맹자왈이 흘러나올 줄 알았었는데 정말 뜻밖이었다.

그후 필자는 밥벌이 펜잡이를 하는 동안에 수많은 명사들 을 공적 사적으로 만났다. 특이한 점은 대부분의 명사들이 유머감각이 풍부하고, 또 그것을 화술에 적절하게 활용하고 있다는 것이었다.

필자는 체험으로 유머의 효능을 알았다. 유머는 그 무엇 보다도 더 친화작용(親和作用)을 한다는 사실을. 초대면의 서먹한 사이에서도 멋들어진 유머 한마디가 거리감을 없애 고 친밀감을 더하는 것이다.

뛰어난 인물은 반드시 유머센스를 지니고 있다. 세상에서 가장 따분한 생물은 웃음을 모르는 인간이다. 인간에게 있 어서 웃음이란 대단히 유쾌한 것으로 인간관계의 윤활유 역 할을 해준다. 영국의 목사이자 작가인 로버트 버튼은 '웃음 의 친화력'에 대하여 이런 말을 했다.

"인간이란 무엇인가 재미있는 이야기에 따라 일단 함께 웃고 나면 그 사이가 더욱 돈독해진다."

3) 행복과 성공을 부른다

행복감으로 빛나 웃는 얼굴처럼 매력적인 것은 없다. 그것은 모든 사람들을 끌어당기는 힘을 지니고 있으며 행복과 성공을 불러들이는 자석적인 힘을 가지고 있다.

다음은 미소의 보상에 관한 이야기이다.

옛날 어느 마을에 한 농부가 있었다. 그는 어릴 때 당한 화상(火傷)으로 말미암아 추하기가 이를 데 없었다. 그래서 그는 결혼도 못하고 혼자 살았다.

하도 얼굴이 추하게 생겨서 이웃사람은 누구 하나 그를 가까이하지 않고 경원했다. 그런데 한 소녀만은 그렇지 않았다. 마음씨가 고운 소녀는 그 농부를 가엾게 여기고 그를 만나도 싫어하는 기색은커녕 오히려 미소를 띠며 친절히 대했다.

농부는 소녀의 친절에 대한 고마움을 내색하지는 않았지만 그 착한 마음씨에 몹시 감격하고 있었다.

세월이 흘러 농부는 병들어 죽게 되었다. 죽기 전에 그는 일평생 동안 모은 재산을 소녀에게 남겼다. 그가 남긴 재산은 그 마을 부자의 재산보다도 훨씬 웃도는 것이었다.

불교의 '무재(無財)의 칠시(七施)'라는 것이 있다. 한푼의 재산도 없는 사람이라 하더라도, 또는 중병에 걸려 병상에 누워 있는 사람이라 하더라도 마음먹기에 따라서는 얼마든지 주위 사람들을 밝게 해줄 수 있다는 뜻이다.

'무재의 칠시'는 다음과 같다.

· 안시(眼施) ; 부드러운 눈길로 주위 사람들의 마음을 밝게 해준다.
· 화안열색시(和顔悅色施) ; 웃는 얼굴.
· 언사시(言辭施) ; 부드러운 말.

· 신시(身施) ; 몸으로 사람과 세상을 위해 일한다.

· 상좌시(狀座施) ; 장소와 자리를 양보한다. 그렇게 함으로써 사람들의 불안정한 마음을 편하게 한다.

· 방회시(房會施) ; 걸인이든 누구든 찾아오는 사람이 있으면 하룻밤 재워주고 음식을 대접한다.

미소를 짓고 친절을 베푸는 데는 돈이 들지 않지만 모든 큰 것을 얻게 하고도 남음이 있는 것이다.

4) 육체와 정신건강에 좋다

대부분의 사람들은 자기가 자신의 불행을 만들어내고 있다. 다시 말하여 생각이나 태도에 의해 행복이나 불행을 만들어내고 있는 것이다. 웃음과 건강에 대해서는 앞에서 자세히 설명했으므로 더이상 덧붙이지 않는다. 다만 행복과 불행에 대해서 몇 마디 하고자 한다.

영국의 시인 밀턴은, "마음은 천국을 지옥으로도 만들고, 지옥을 천국으로도 만든다."라고 했다. 그 사람이 처한 상황이 어떻든지간에 마음먹기에 따라 천국과 지옥을 스스로 선택할 수 있다는 말이다.

과연 그렇다. 어떤 곤란한 상황에 처했을 때 불행이라고 생각하면 그 생각으로 인하여 불행은 가중된다. 반면에 성장을 위해서 달게 받아야 할 시련이라고 생각한다면 그 곤란도 크게 고통스럽지는 않다.

일반적으로 사람들은 어렵고 고통스런 일을 당하게 되면 누구나 자기손해 없이 사건을 무난히 처리하고 싶은 것이

통례이다. 그러나 그 반대를 생각하는 방법도 있다. 즉, 최악의 경우를 각오하는 것이다. 그렇게 마음먹으면 오히려 배짱도 생기고 침착해질 수 있다. 모든 것이 마음의 상태에 따라서 달라지는 것이다.

행복을 이웃집 담 너머에서 찾는 사람처럼 어리석은 사람은 없다. 행복의 파랑새는 모든 사람이 그 자신의 추녀 밑에서 찾아야 한다.

해가 떠도 눈을 감고 있으면 어두운 밤과 같다. 청명한 날에도 젖은 옷을 입고 있으면 기분은 비오는 날과 같이 침침하다. 사람은 그 마음의 눈을 뜨지 않고 그 마음의 의복을 갈아입지 않으면 언제나 불행하다.

5) 감정을 정화시켜 마음을 여유롭게 만든다

웃음은 인생을 감미롭게 하는 청량제이다. 웃음이 없는 삶은 무미건조하고 비생산적이다. 오늘날과 같은 각박한 세태에 웃음을 잃어버린 사람들을 웃을 수 있게 만드는 유머는 청량제로서 훌륭하게 작용한다.

유머는 사람의 마음을 여유롭게 만든다. 마음이 여유로운 사람은 조급한 사람에 비하여 생각이 유연하고 참고 인내하는 힘이 월등히 강하다. 또한 대화에 있어서도 논쟁을 예방하며 불필요한 장막을 제거한다. 특히 좋지 못한 일을 당하여 불만이 가득할 때, 화가 나 있을 때, 대화가 단절되어 있을 때 멋진 한마디의 유머는 웃음을 유발하여 불만을 일시에 해소시키는 역할을 하기도 한다.

이렇듯 유머는 마음이 경직되어 대화의 의욕을 상실한 경

우에 기지로써 모면시키는 힘을 지니고 있다. 아무리 불만
에 차 있던 상대라도 유머러스한 분위기에 젖어들게 되면
불쾌한 감정을 쉽게 잊어버리게 된다.

조윤제(趙潤濟) 교수는 그의 수필 〈한국의 유머〉에서 유머
의 가치를 이렇게 말하고 있다.

"유머란 얼마나 힘있는 것인가? 한마디의 유머, 그리고
그에 따른 웃음은 얽힌 문제를 손쉽게 해결하고 죽을 뻔한
위기도 이로써 타개할 수 있다. 유머는 일부러 배워도 배워
야 될 것이다."

분노와 미움은 사람을 멸망시킨 가장 큰 요소이다. 인간
은 분노와 미움 때문에 인생을 망치고 병들어 죽는다.

미국의 유명한 저술가 존 간서는 그의 저서 《프로세션》에
서 매우 의미심장한 말을 하고 있다.

"인도의 영웅 간디는 대부분의 사람들이 생각하는 것처럼
그렇게 강압적인 개성을 가진 사람은 아니다. 그는 웃기를
좋아한다. 그는 이야기를 하면서도 낄낄대고 웃는다. 언젠
가 그는 친구에게 '만약에 내가 유머센스가 없었던들 오래
전에 자살했을 것이다.'라고 말한 적이 있다."

영국의 탄압정책에 맞서 반영(反英) 무저항 불복종운동을
전개했던 간디로서는 엄청난 육신의 고초를 겪었을 것이다.
밤낮없이 영육을 찢기우는 생활을 하면서도 웃음을 잃지 않
았다는 것은 우리에게 무엇을 시사하는가!

사람은 마음이 느긋해야 깊고 멀리 볼 수 있다. 눈앞의 일
에만 급급하여 경박한 감정에 사로잡히면 일을 그르치기
쉽다. 만약 간디가 유머센스가 없었다면 그의 말처럼 자살
을 했거나 분사(憤死)했을 것이다.

마음의 여유는 웃음에서 나온다. 웃음은 정신에 여유를
가져다주며 고통스런 상황에 대처하는 힘을 강하게 만드는
것이다.

3. 웃음의 비결

1) 웃음의 종류

사람은 웃는다. 웃지 않고 사는 사람은 없다. 그러나 그 웃음은 경우에 따라 제각각 다른 의미를 갖는다. 기쁜 일·우스운 일·멋쩍은 일·서글픈 일·기막힌 일 따위에 직면했을 때 웃는다.

웃음의 종류를 분류해 보면 대충 다음과 같다.

· 미소(微笑) ; 소리를 내지 않고 빙긋이 웃는 웃음.
· 실소(失笑) ; 알지 못하는 사이에 툭 터져나오거나 참아야 할 자리에서 터져나오는 웃음.
· 홍소(洪笑) ; 크게 입을 벌리고 떠들썩하게 웃는 웃음.
· 폭소(爆笑) ; 여럿이 폭발하는 갑자기 웃는 웃음.
· 목소(目笑) ; 눈으로만 웃는 웃음, 눈웃음.
· 비소(鼻笑) ; 코끝으로 가볍게 비웃는 웃음, 코웃음.

· 비소(非笑) ; 비난의 뜻으로 웃는 웃음, 비웃음.
· 냉소(冷笑) ; 쌀쌀한 태도로 업신여겨 웃는 웃음.
· 고소(苦笑) ; 어이없거나 시뻐서 웃는 웃음, 쓴웃음.
· 조소(嘲笑) ; 조롱하는 태도로 웃는 웃음.

이렇듯 웃음의 종류와 의미는 다양하다. 따라서 모든 웃음이 좋은 것은 아니다. 코웃음·비웃음·찬웃음·쓴웃음 등은 좋지 못한 일을 야기시킬 수도 있다.

어디까지나 웃음은 흐뭇하고 유쾌해야 좋다. 흐뭇하고 만족스런 감정에서 자연스럽게 발산되는 미소, 유쾌하기 때문에 절로 터지는 홍소, 재미있기 때문에 웃음을 참지 못하는 폭소 등이 웃음으로서의 진정한 가치가 있는 것이다.

2) 웃음의 재료

사람을 웃게 하는 요소는 많다. 그것을 대략 정리해 보면 다음과 같다.

① 행복한 마음
② 인간의 어리석음
③ 포복절도할 익살
④ 사람의 의표를 찌르는 기발한 착상과 기지
⑤ 황당무계한 거짓말과 허풍
⑥ 경탄할 만한 임기응변
⑦ 뼈를 깎아내는 듯한 풍자
⑧ 성담(性談)

이상의 요소들이 웃음을 자아내게 한다. 예화와 함께 그
것들을 설명하고자 한다.

(1) 행복한 마음

붓다의 제자 부루나는 설법을 잘했다. 그가 어느 날 인도
서쪽의 야만국으로 이름 높은 수로국에 전도하러 가겠다고
붓다에게 허락을 청했다.

그러자 붓다가 말했다.

"부루나여! 그 나라 사람들은 사납고 흉악하여 남에게
몹쓸 짓을 예사로 한다고 들었다. 만약 그 나라 사람들이 너
를 욕하고 창피를 준다면 너는 어쩔 셈이냐?"

이 말에 부루나가 대답했다.

"비록 그들이 저를 욕하고 창피 준다 해도 한구석에 착한
마음과 지혜가 있어 손이나 돌로 저를 때리지 않는 것을 기
쁘게 생각할 것입니다."

"그렇다면 만약 그들이 손이나 돌로 너를 때리면 어떻게
하겠느냐?"

"세존이시여, 설령 그들이 손이나 돌로 저를 때린다 해도
칼까지 쓰지 않는 것을 기쁘게 생각할 것입니다."

"만일 칼을 써서 너를 해치려 들면 어쩔 셈이냐?"

"비록 칼로 저를 해치려 한다 해도 그들에게 착한 마음과
지혜가 있어 저를 죽이지 않는 것을 다행으로 생각할 것입
니다."

"그러나 부루나야, 그들이 만약 네 목숨까지 뺏는다면 어
쩌려느냐?"

"세존이시여! 그럴 경우 저는 이렇게 생각할 것입니다. 도를 닦는 부처님의 제자 중에는 고통스러운 육체가 싫어진 나머지 스스로 목숨을 끊는 사람도 있었는데, 착하고 지혜로운 이 나라 사람들이 내 썩어빠진 육신을 죽임으로써 나를 이 세상 모든 고뇌로부터 해방시켜주는 것이라고 생각할 것입니다."

그 말에 붓다는 몹시 기뻐하며 이렇게 말했다.

"부루나야, 너는 도를 닦더니 어느 틈에 행복한 마음을 체득했구나. 그러한 마음이라면 서쪽 수로국에서 능히 지낼 수 있으리라. 곧 가서 그들을 전도하여라."

그후 수로국에 간 부루나는 500여 명의 신자를 얻고 절을 지음으로써 전도의 목적을 훌륭히 달성했다.

독일의 철학자 쇼펜하우어는, "세계는 비참한 사람에게 있어서만 비참하고 공허한 사람에게 있어서만 공허하다."고 말했다. 이 말이 시사하는 바는 매우 크다. 사람이 어떤 마음을 가지고 있느냐에 따라 행복과 불행이 좌우된다는 뜻을 담고 있다.

행복과 불행은 특정한 형태가 있는 것은 아니다. 그렇기 때문에 사람에 따라 다르고 생각하기에 따라 다르게 작용한다. 행복도 불행이라고 느끼면 곧 불행이 된다. 불행도 행복이라고 느끼기만 하면 행복으로 변하는 것이다.

행복해지고 싶다고 생각하는 것은 인간의 가장 자연스런 욕망이다. 그리고 행복을 얻는 절차는 조금도 어렵지 않고 복잡하지도 않다. 당신이 만약 행복해지기를 원한다면 세상에서 이처럼 손쉬운 일은 없다. 마음속으로 행복을 선택하면 되는 것이다.

행복을 원한다면 행복하다고 생각하라. 다른 방법은 없다. 당신에게 주어진 행복을 헤아리며 인생을 예찬하는 것이다.

프랑스의 경제학자 C. 지드는, "눈이 보이는 인간은 보인다는 행복을 알지 못하고 있다."고 했다. 생각해 보면 눈이 보인다는 그 자체가 엄청난 행복인 것이다. 만일 당신이 어떤 사고로 인하여 앞을 볼 수 없다고 생각해 보라. 그러면 앞을 볼 수 있는 모든 사람이 행복하게 생각될 것이다. 행복이란 바로 이런 것이다.

인간은 행복감에 충만해 있을 때 웃는다. 행복한 사람은 자기도 모르게 만면에 미소를 지으며 콧노래를 부른다. 이 때의 웃음은 지상의 어느 꽃보다도 아름답고, 그 소리는 어느 음악보다도 감미롭다. 넘치는 사랑으로 자식의 얼굴을 들여다보는 어머니의 미소에는 천국의 사랑이 깃들여 있다. 신랑의 얼굴을 바라보며 말을 건네는 신부의 미소에는 무한히 아름답고 신비스런 매력이 있다. 이런 미소는 범사에 감사하는 마음에서 우러난다.

범사에 감사하라. 분수를 알고 작은 것에도 만족하는 습관을 기르면 행복은 남의 것이 아니다. 만족은 가난한 사람을 넉넉하게 하고, 불만족은 넉넉한 사람을 가난하게 만드는 것이다.

(2) 인간의 어리석음

가장 풍부한 웃음의 재료는 헤아릴 수 없는 인간의 어리석음이다. 인간의 바보스런 생각이나 엉뚱한 말, 행동이 웃음의 씨앗으로 작용한다.

인간의 어리석음이 웃음을 유발하는 원인은 '우월감'에 있다. 인간은 타인의 바보스런 언행을 보고 은연중에 '나 같으면 저런 어리석은 짓은 하지 않을텐데.' 하는 생각을 하게 된다. 그런 생각이 바로 우월감이고, 상대를 자기보다 열등하다고 느끼는 감정이 웃음을 불러일으키게 되는 것이다.

남을 잘 웃길 줄 아는 사람은 이 점을 잘 파악하고 있다. 코미디는 이 원칙을 예외없이 잘 활용하고 있다. 얼빠진 듯한 코미디언들의 말과 행동이 사람들을 웃기는 것이다.

다음은 한없는 인간의 어리석음이 웃음을 자아내게 하는 삽화이다.

나는 8번 말[馬]이 첫경주에서 우승할 것이라고 확신했다. '천하무적'이라는 이름도 마음에 들었고, 기수의 화려한 전적도 믿음직스러웠다.

'누가 뭐라 해도 우승은 8번 천하무적이다.'

나는 이렇게 확신하고 마권을 사려고 줄을 섰다. 그런데 내 바로 앞에 서 있는 젊고도 아름다운 여자가 3번 말의 마권을 사길래 나도 덩달아 3번을 샀다. 결과는 8번 말이 우승했다.

"아니, 어떻게 된 거야? 자넨 8번 말이 우승할 것이라고 하지 않았나?"

내 친구가 물었다.

"앞에 서 있는 여자가 3번 말을 거는 것을 보고……."

나는 여자를 따라서 마권을 샀기 때문에 적잖은 상금을 날린 것이 무척이나 아까웠다.

두번째 경주에서는 2번 말이 우승할 것이라고 생각했는데 7번 말에 거는 사람을 보고 나도 7번 말에 걸었다. 결과는 역시 2번 말의 우승이었다.

"자네 대체 왜 이러나!"

친구가 어처구니없다는 표정을 지으면서 나를 호되게 질책했다.

"앞의 사람이 그러길래……."

나는 약간 창피스럽기도 하고 날아가버린 상금이 아깝기도 했다.

"다음 경주는 5번 말이다. 틀림없어!"

나는 자신있게 말하고 나서 의기양양하게 마권을 사러 갔다. 그런데 앞에 서 있는 사람이 1번 말에 거는 것을 보고 덩달아 1번을 샀다. 우승은 역시 5번 말이었다.

나는 일곱 번의 경마에서 이런 식으로 계속 앞사람을 따라 돈을 걸다가 한번도 성공하지 못했다.

"예상은 백발백중이었는데 결과가 그게 뭐야? 소신껏 했어야지."

친구가 줏대없다고 나를 나무랐다.

"제기랄, 돈도 잃고 배도 고픈데 햄버거나 사와야겠어. 먹으면서 다음 경주부터는 신중한 투자를 하겠어."

나는 햄버거를 사려고 갔다가 핫도그 2개를 사왔다. 그것을 보고 친구가 물었다.

"아니, 왜 햄버거가 아닌 핫도그를 들고 오나?"

나는 겸연쩍었기 때문에 어색하게 말했다.

"응, 어떤 여자가 핫도그를 사는 걸 보고……."

"맙소사!"

친구는 질렸다는 표정을 지으며 고개를 흔들어댔다.

경마에서 주머니를 탈탈 털렸기 때문에 나는 기분이 몹시 우울했다. 집에 가서 잠이나 자려고 택시를 잡으려고 했다.

"미아리!"

앞에 서 있던 젊은 여자가 택시를 잡았다.

"미아리!"

나도 미아리라고 소리쳤다. 그리하여 그 여자와 합승을 했다. 미아리를 향하여 질주하는 택시 속에서 나는 문득 정신이 들었다.

'아차! 우리집은 마포가 아닌가!'

술에 취해 곤드레만드레가 된 나는 자정이 훨씬 지나서야 집에 왔다. 그런데 대문이 잠겨 있었기 때문에 어쩔 수 없이 담을 넘어야만 했다.

막 담을 넘으려는 순간 누군가 발을 잡아채며 소리쳤다.

"이 도둑놈, 꼼짝 마라!"

내가 돌아다보니 방범대원이 무섭게 노려보고 있었다.

"왜 이러시오! 여긴 내 집이란 말이오."

"뭐라구? 당신 집이라고?"

"그렇소. 대문이 잠겨 있어서 담을 넘고 있는 중이오."

"믿을 수 없소!"

"그렇다면 증명해 보이겠소."

이리하여 나와 방범대원은 함께 담을 넘어 집안으로 들어갔다. 나는 집안의 물건들을 하나하나 가리키며 모두 내 것이라고 말하며 침실문을 열었다.

붉은 조명등이 켜진 방의 침대에서는 한 쌍의 남녀가 2층을 짓고 한창 쾌락을 나누고 있었다. 그것을 보고 나는 혀꼬부라진 소리로 방범대원에게 말했다.

"똑똑히 보시오. 저 여자는 내 마누라요. 이젠 내가 이 집 주인이라는 걸 아셨겠죠?"

그 말에 방범대원은 눈을 깜빡이며 물었다.

"그, 그렇다면 말이오, 당신 마누라 위에서 헐떡이고 있는 사나이는 대체 누구요?"

"이런 멍청이! 누구긴 누구겠소. 저 사나이가 바로 나란 말이오."

어느 날 오후, 나는 머리가 아파 부득이 회사를 조퇴하고 집에 돌아왔다. 그런데 웬 낯선 사나이가 발가벗고 침대에 누운 아내의 배 위에 엎드려 가슴 사이에 머리를 묻고 있는 것을 발견했다.

"당신은 누구요? 지금 무슨 짓을 하고 있는 거요?"

내가 소리치자 사나이가 대답했다.

"나는 외판원이오. 지금 부인의 가슴속에서 나오는 음악을 듣고 있는 중이오."

"가슴속에서 나오는 음악을 듣고 있다고?"

그 말을 이상하게 생각한 나는 곧 아내의 가슴에 귀를 기울이고 듣다가 의아해서 말했다.

"난 아무 음악소리도 안 들리는데?"

"그야 물론 안 들리죠."

사나이가 대답했다.

"당신은 플러그를 꽂지 않았으니까요."

어느 여름날 아침, 내가 출근을 하려고 구두를 신을 때 아
내가 옆에서 부탁을 했다.

"여보, 장마철이 다가오니까 퇴근길에 우산을 사 오세요.
당신 것과 내 것, 그리고 아이들 것 두 개와 어머니 것 하나
예요."

"알았소. 도합 다섯 개가 되겠구료."

나는 우산 사는 일을 기억하려고 노력했다. 만약 우산 사
는 것을 깜빡 잊고 귀가했다가는 아내의 잔소리를 피할 수
없기 때문이었다.

"우산 5개, 우산 다섯 개……."

나는 이렇게 중얼거리며 좌석버스를 탔다. 예쁜 아가씨의
옆자리에 앉은 나는 계속 우산만을 골똘히 생각했다. 그
러다가 버스를 내릴 때 그만 엉겁결에 옆자리 아가씨의 우
산을 집어들고 말았다.

"어머머, 아저씨! 왜 남의 우산을 가져가세요?"

아가씨의 주의를 받고서야 나는 큰 실수를 했음을 깨달
았다. 얼굴이 화들짝 달아올랐다.

"미, 미안합니다. 제가 엉겁결에 그만……."

나는 사과를 하고는 급히 버스에서 내렸다.

그날 저녁, 나는 아내의 부탁을 잊지 않고 우산 다섯 개를
사들고 버스를 탔다. 그런데 공교롭게도 아침의 그 아가씨
와 같이 타게 되었다.

그 아가씨는 내 얼굴과 손에 들고 있는 우산을 몇 번이고
번갈아보았다. 그러다가 아주 놀란 표정을 지으며 나에게
속삭였다.

"아저씨, 오늘은 수입이 참 좋으시군요!"

(3) 포복절도할 익살

웃음을 자아내게 하는 문학을 가리켜 해학문학(諧謔文學)이라고 한다. 골계와 풍자, 성담(性談) 등이 모두 이 범주에 속한다. 가장 손쉽게 남을 웃기고, 또 자기 자신도 크게 웃을 수 있는 것으로는 익살을 들 수 있다.

원래 우리 겨레는 탁월한 해학정신을 타고난 낙천적인 민족이다. 우리의 조상들이 남겨놓은 수많은 미술, 공예, 음악, 무용을 비롯하여 민담, 문학의 세계에 이르기까지 모든 예술적 분야에는 우리 민족 특유의 독특한 유머의 멋이 흐르고 있다.

다음은 전하는 소화(笑話)와 민담 중에서 간추린 익살들이다.

거나하게 술에 취한 어느 한량이 당나귀를 끌고 얼음 언 강을 건너게 되었다. 강의 중간쯤에 이르렀을 때 찍찍 얼음이 갈라지는 소리를 내며 빙판의 여기저기에 하얀 금이 생겼다.

"어이쿠, 큰일났구나!"

한량은 염통이 오므라들고 다리가 떨려서 맘을 놓고 얼음 위를 걸을 수가 없었다. 그래서 잠자리를 잡는 아이의 걸음으로 조심조심 얼음을 밟아나갔다. 이때 자기도 모르게 입에서는 '나무아미타불 관세음보살' 소리가 잇따라 터졌다.

"나무아미타불 관세음보살……."

가슴을 졸여가면서 살금살금 걸었더니, 염불 덕분인지 어쩐지는 모르지만 다행이 얼음이 깨지지 않고 강을 건널 수가 있었다. 무사히 강을 건넌 한량은 이마에 흐른 땀을 소매로 닦으면서 생각했다. 괜히 마음에도 없던 '나무아미타불' 소리를 읊조렸던 것이 억울했다. 그래서 혼자말로,

"이런 빌어먹을! 나무아미타불은 무슨 얼어죽을 나무아미타불이야."

하고 외치며 강을 돌아다보았다. 그런데 이게 웬일인가. 자기의 손에 잡혀 있는 것은 당나귀의 고삐뿐이고 어떻게 된 셈인지 당나귀는 강 건너 저편에 그대로 있는 것이었다.

한량은 하는 수 없이 도로 얼음을 밟고 당나귀가 있는 강 저편으로 조심스럽게 걸음을 옮기기 시작했다. 한량의 입에서는 연달아 이런 소리가 터져나오고 있었다.

"도로 나무아미타불 관세음보살. 도로 나무아미타불 관세음보살……."

유몽인(柳夢寅)의 《어우야담·於于野談》에는 이런 이야기가 있다..

깊은 산속 암자에 스님과 동자승이 있었다. 어느 날부터인가 스님의 행동이 이상했다. 늦은 밤이면 은밀히 아랫마을로 내려가 무엇인가 사건을 치르고 새벽녘에 다리를 후들거리며 올라오는 것이었다.

이상하게 생각한 동자승이 하루는 스님의 뒤를 밟았다. 예상했던 대로 스님은 아랫마을에 사는 과부의 집을 드나드는 것이었다. 그것을 알게 된 동자승은 어느 날 스님에게 은근하게 말했다.

"스님, 요즘 스님의 건강이 무척 나빠진 것 같습니다. 다리에 힘이 없어 후들거리시고……. 제가 세간에 있을 때 이

런 이야기를 들었습니다. 어떤 이유로 다리에 힘이 빠질 때 먹는 특효약으로 날콩 이상 가는 것은 없다고 합니다."

"날콩? 날콩이 특효약이라구?"

"그렇습니다, 스님. 다리에 힘이 빠지는 것은 남자의 흰 액체가 소진되기 때문이라고 합니다. 그러니 남자의 흰 액체와 비슷한 것을 체내에 채우면 원기가 왕성해진다는 것입니다. 그것이 무엇이겠습니까?"

"음……, 콩물이 남자의 흰 액체와 비슷하지……."

스님이 마른침을 삼키면서 대답하자 재빨리 동자승이 말을 받았다.

"바로 맞히셨습니다 날콩을 한 반 되쯤 먹고 찬물을 들이켜면 무한히 많은 흰 액체가 생산되는 것입니다."

"그, 그렇겠구나."

이날밤 스님은 양껏 날콩을 먹고 냉수를 들이켠 후에 의기도 양양하게 과부집을 찾아갔다. 그런데 과부댁의 문고리를 잡아당기는 순간 예기치 못했던 일이 터졌다. 걷잡을 수 없이 설사가 쏟아진 것이다.

"어휴, 냄새! 이 지저분한 중놈아, 썩 꺼져!"

대책없이 쏟아지는 설사 때문에 과부댁에서 쫓겨난 스님은 터덜터덜 밤길을 걸었다. 얼마쯤 걷다 보니 흰 기운이 길을 가로질러 뻗쳐 있었다. 스님은 시냇물인 줄 알고 바지를 벗고 그 속으로 들어갔는데 시냇물이 아니라 메밀꽃이 핀 것이었다.

"오늘은 정말 재수없는 날이군. 날콩을 먹으면 흰 액체가 무한히 생긴다는 말에 속아 일을 그르쳤는데 또 흰 메밀꽃에 속았구나."

스님은 투덜거리며 바지를 입었다. 그런데 메밀밭이 끝나자마자 바로 시냇물이었다.

"이젠 안 속는다."

스님은 옷을 입은 채 시냇물 속으로 들어갔다가 물에 빠진 새앙쥐 꼴이 되었다.

"어푸어푸! 진짜 시냇물이었구나!"

젖은 옷을 입고 걷다 보니 날이 밝았다. 동네 우물가에서 아낙네들이 쌀을 씻고 있었다.

"시큼시큼하구나!"

스님은 우물가를 지나면서 혼자말로 중얼거렸다. 어젯밤에 겪은 일이 하도 어처구니없어서 한 말이었다. 그런데 그 말을 들은 아낙네들이 노발대발하여 스님의 뒷덜미를 낚아챘다.

"이놈의 중놈이 새벽부터 재수없는 소리를 다 하는구나. 술 담글 쌀을 씻는데 뭐 시큼시큼하다구? 이놈, 혼 좀 나봐라."

아낙네들은 손톱을 세워 할퀴고 꼬집고 하다가 스님의 젖은 옷을 박박 찢어버렸다.

"어이쿠야, 중 살려!"

스님은 옷을 모두 찢기우고 알몸으로 도망을 쳤다. 흉악한 몰골로 정신없이 뛰어가다가 원님의 행차를 만났다. 스님의 차림새를 본 말이 놀라 뛰니 원님이 말에서 떨어졌다.

"고얀 놈이로다! 저 민대가리 중놈을 매우 쳐라!"

원님의 명을 받은 군노사령들이 인정사정 두지 않고 매질을 했다.

"으악! 에구에구 나 죽네!"

스님은 몰매를 견디지 못하고 길에 쭉 뻗어 죽은 척했다.

"죽었나 보군?"

"그래, 죽은 것 같아. 중놈이 묘한 꼴을 하고 죽었군."

"맞아, 죽은 중의 양근(陽根)은 정력에 좋다고 하더군."

"그렇다면 잘라서 우리끼리 나눠 쓰세."

이 말에 깜짝 놀란 스님은 번개처럼 일어나 암자까지 걸음아 날 살려라 하고 뛰었다. 가까스로 암자에 도착한 스님은 숨가쁘게 외쳤다.

"얘야, 문 열어라!"

동자승은 문을 열지 않고 소리쳤다.

"스님은 아랫마을 과부댁에 가셨는데 너는 누구냐?"

"얘야, 나다. 내가 네 스님이다."

"거짓말하지 마라!"

동자승이 끝까지 문을 열지 않았기 때문에 스님은 할 수 없이 개구멍으로 들어가려고 했다. 그러자 동자승이 몽둥이로 스님의 머리를 때리며 소리쳤다.

"이놈의 도둑강아지가 어딜 함부로 들어오려고 하느냐! 에잇, 맛 좀 봐라……."

자신의 처지를 생각하지 못하고 과부를 탐했던 스님은 연속된 봉변과 낭패를 당했다. 지금도 낭패하여 고생한 사람을 일러 '물 건넌 중〔渡水僧〕'이라고 하는데, 바로 여기에서 유래된 말이다.

옛날 전라도에 성질이 급하기로 유명한 총각이 있었다. 이 총각의 성질이 얼마나 급하냐 하면, 다른 사람보다 밥을 먹더라도 한 열 배쯤은 빨리 먹었고, 걸음을 걷더라도 눈썹에서 윙

윙 소리가 날 정도였다. 좌우지간 엄청 급했는데, 가히 우물에
가서 숭늉을 찾고도 남음이 있을 정도였다.

성질이 급한 것처럼 일도 척척척 일사천리로 잘했다. 매일
새벽같이 일어나 후다다닥 논에 나가 논일을 하고, 아침을 먹
고, 오전 중에 밭일마저 깨끗이 끝내는 것이었다. 그뿐이 아니
었다. 오후에는 집채만한 나무등치를 서너 짐 해다가 장에
내다 파는 것까지 거침없이 처리했다.

동에 번쩍 서에 번쩍했으므로 사람들은 그 총각을 뽕길동이
라고 불렀으며, 보통 사람 서너 명 몫의 일을 능히 하는 그를
데려다 일을 시키기를 희망했다.

허우대가 좋고 인물도 못난 편은 아니었다. 그러나 그는 방
귀를 잘 뀌었다. 너무나 빨리빨리 움직이기 때문에 소화가 잘
되어 방귀를 잘 뀌는 것이었다. 그래서 방귀 '뽕'자를 써서 뽕
길동이란 별명을 얻은 것이었다.

"세상에 뽕길동처럼 성질 급하고 일 잘하는 사람이 또 있을
까?"

"아마 없을거야. 하여간 번개처럼 빨라서 정신이 없을 지경
이야."

"호호호……. 뽕길동 같은 사위를 얻으면 아무 걱정이 없을
텐데……."

딸을 가진 인근 사람들은 은근히 그 총각을 사위삼기를 원하
고 있었다. 척척척 일을 잘하니 부자로 살 것이 분명했고, 아
무리 흉년이 들어도 굶어죽을 염려는 없기 때문이었다.

뽕길동의 소문은 사람들의 입에서 퍼지고 퍼져 인근 고을에
서 모르는 사람이 없게 되었다.

"음, 그런 녀석이라면 내 사위로 삼을 만하다."

강진에 사는 만석꾼 황부자가 그 소문을 듣고 부쩍 욕심이 동했다. 그에게는 무남독녀 외딸이 있었다. 그 딸을 너무도 사랑했기 때문에 잠시도 자기의 곁을 떠나게 하고 싶지는 않았다. 그래서 구하고 있는 것이 데릴사위였다.

희망하는 총각은 많았지만 한결같이 황부자의 마음에 들지 않았다. 만석꾼 부자의 재산을 노리고 한평생 편히 살겠다는 생각을 가지고 있었기 때문이었다.

"게으름뱅이는 절대로 안 된다. 성질도 급하고 똑떨어지게 일을 잘하는 튼튼한 녀석이라야 한다."

황부자는 자기 눈으로 직접 뽕길동을 확인해 보려고 길을 나섰다. 들리는 소문에 의하면 뽕길동이 자기가 찾던 사윗감이 분명한 것 같지만, 직접 확인하기 전에는 전부 믿을 수가 없기 때문이었다.

뽕길동이 사는 마을에 거의 다다른 황부자는 한 냇가를 만났다. 징검다리도 없는 냇가였다. 그래서 신발을 벗고 바지를 걷어올리고 있는데, 저쪽에서 웬 총각이 뛰는 것처럼 걸어오고 있었다. 허우대가 멀쩡하고 야무지게 생긴 총각이었다.

냇가에 도착한 총각은 조금도 주저하지 않고 신을 신은 채로 첨벙첨벙 냇물을 건너는 것이 아닌가!

'무던히도 성질이 급한 총각이로군.'

황부자는 그 총각이 마음에 쏙 들었기 때문에 큰소리로 그를 불렀다.

"여보게, 젊은이!"

총각은 걸음을 멈추지도 않고 계속 냇물을 건너며 고개만 돌려 대답을 했다.

"왜 그러십니까, 노인장?"

"뭐가 바빠 그토록 서둘러 가는가?"

"바쁘지요. 할 일이 태산 같습니다. 논에 물도 대고 밭고랑도 일구고 해야 하거든요."

"아무리 그렇다고 신도 벗지 않고 냇물을 건넌단 말인가?"

"흐흐흐……, 노인장! 신이라야 짚신인데 젖으면 얼마나 젖겠습니까? 걷다 보면 마르는 것에 왜 아까운 시간을 버린단 말씀입니까? 그럼, 전 바빠서 먼저 갑니다. 노인장은 천천히 갈 길을 가십시오."

총각은 이 말을 남기고 방귀를 뽕뽕 뀌며 성큼성큼 걸어서 마을로 들어가버렸다.

"옳아, 저 녀석이 뽕길동인가 뭔가 하는 녀석이로구나!"

황부자는 방귀 소리를 듣고 뽕길동임을 짐작했다. 직접 눈으로 확인해 보니 정말 괜찮은 사윗감이었다.

며칠 후 황부자는 매파를 보내 혼인을 성사시키게 했다. 뽕길동도 만석꾼 부자의 데릴사위를 거절할 이유가 없었다. 게다가 황부자의 딸은 이슬에 젖은 해당화처럼 아름다운 처자였다.

황부자의 사위가 된 뽕길동은 소작인 10명이 할 일을 척척척 혼자서 처리했다. 새벽에는 동쪽에서, 오전에는 서쪽에서, 오후에서 남쪽에서, 저녁에는 북쪽에서 번쩍번쩍 움직이며 신출귀몰했다.

"히히……. 내가 사위 하나는 끝내주게 잘 얻었지."

황부자는 뽕길동이 일하는 모습을 지켜보며 매일 희희낙락했다. 조자룡이 헌 칼 쓰듯 횡횡 일하는 모습을 보면 실로 가슴이 후련한 정도였다.

"여보게 사위, 오늘은 산기슭 밭을 갈아야 하지 않겠나. 아흔아홉 이랑이나 되니 소작인 몇 명 데려다 쓰는 것이 좋겠네."

　장인의 말에 사위는 고개를 휘휘 저었다.

　"아닙니다. 왜 남에게 품삯을 줍니까? 저 혼자서도 충분합니다."

　"하하……, 내가 죽으면 모두가 자네 재산이니까 자네 맘대로 하게나. 그러나 너무 무리는 하지 말게."

　"염려 마십시오, 장인 어른."

　아침을 후다닥 해치운 뽕길동은 등에 쟁기를 메고 소를 몰아 윙윙 눈썹을 휘날리며 산기슭 밭으로 갔다.

　"이랴! 이랴!"

　방귀를 뽕뽕 뀌가면서 신나게 밭을 갈았다. 밭이랑은 부쩍부쩍 줄었다.

　바로 이때, 산속에 살던 호랑이 한 마리가 시장기가 들어 어슬렁거리며 산 아래로 내려오다가 신나게 밭을 갈고 있는 뽕길동과 소를 보게 되었다.

　"이랴, 이놈의 소! 빨리빨리 갈아라! 언제 아흔아홉 이랑을 다 갈고 삼천리 밖에 있는 강토 장에 다녀오겠냐!"

　뽕길동이 이렇게 소리치자마자 소는 꽁지에 불이 붙은 것처럼 무서운 속력으로 왔다갔다하며 밭을 갈았다. 사실 소는 수풀 덩굴 속에 숨어 있는 무서운 호랑이의 붉은 두 눈을 봤기 때문에 정신없이 밭을 갈아젖히는 것이었다.

　그것을 모르는 호랑이는, 자기의 상식으로는 도저히 이해할 수 없는 일이 있었다. 소가 마치 말처럼 빠르게 달리며 밭을 가는 것도 믿을 수 없는 사실이었고, 소를 몰고 있는 사람의 말은 실로 무시무시한 말이 아닐 수 없었다.

　'나는 어느 동물보다도 빠르다. 그런 나도 하루에 삼천리를 갔다올 수 없다. 그런데 저 소가 언제 밭을 다 갈고 삼천리 밖

의 강토 장에 갔다올 수 있단 말인가?'

호랑이는 고개를 갸우뚱거리다가 호기심에 못 이겨 뿡길동 앞에 불쑥 나타나며 물었다.

"사람 아저씨, 말 좀 물읍시다."

뿡길동은 호랑이를 보고도 무서워하기는커녕 귀찮다는 표정으로 빠르게 말했다.

"아니, 넌 호랑이 아니냐. 난 몹시 바쁜데 뭘 자꾸 물어본다는 게야?"

"저, 저 느림보 소가 얼마나 빠르길래 밭을 다 갈고서 삼천리 밖 강토 장에 다녀온단 말이오?"

호랑이의 질문에 뿡길동은 흐흐흐흐 웃었다.

"이 미련한 호랑이야, 어째서 이 소가 네 녀석하고 같으냐! 잘 봐라. 이 소는 불알이 없지 않느냐. 불알이 없으니까 빠른 것도 모르는 미련퉁이 같으니라구!"

호랑이는 유심히 소를 살펴보았다. 앞에서 살펴보고 옆에서 살펴보고 뒤에서 살펴보아도 과연 불알이 없었다. 암소였기 때문에 불알이 없을 수밖에.

"사람 아저씨, 정말 불알이 없으면 걸음이 빨라질 수 있나요?"

"그렇고말고!"

"내가 느린 것은 불알 때문이란 말인가요?"

"이놈아, 그렇다는데 왜 자꾸 말을 시키냐. 말이 나온 김에 너도 불알 까주랴?"

성질 급한 뿡길동은 이 말을 미처 끝내지도 않고 다짜고짜 호랑이를 눕혔다. 그런 다음 재빨리 노끈으로 호랑이의 불알을 꽉 묶은 다음 삽으로 콱 찍어서 불알을 까버렸다. 눈 깜짝할 사이에 벌어진 일이었다.

"흐흐흐……, 어떠냐? 처음에는 조금 아프지만 차츰 괜찮을 테니 참거라. 그리고 이 물건은 내가 먹겠다. 사실 장가를 들어 좀 힘이 딸리거든……."

뽕길동은 호랑이 불알을 널름 집어먹고 다시 밭을 갈기 시작했다.

"이랴! 이랴아!"

호랑이는 벌떡 일어나 걸어보려고 했다. 그러나 불알을 깐 후라 아랫도리가 몹시 당기고 아팠다. 절로 신음이 터지고 눈물이 찔끔찔끔 나왔다. 정말 영문도 모르고 당한 것처럼 생각되어 죽을맛이었다.

"이거 잘못된 것이 아닐까? 왜 이렇게 아플까? 도저히 걸음을 걸을 수 없을 정도로 아프구나."

호랑이는 한숨을 푹푹 쉬며 조심조심 어기적어기적 걸었다. 이제 와서 다시 불알을 붙여달랄 수도 없었다. 떨어진 불알은 눈썹에서 윙윙 소리가 나도록 쟁기질을 하고 있는 저놈이 한입에 널름 삼켜버렸던 것이다.

호랑이가 막 산속으로 들어가려고 할 때 뽕길동의 색시가 새참을 가지고 나왔다.

"여보, 좀 쉬었다가 하세요!"

뽕길동은 쟁기질을 멈추고 후다다닥 아내 곁으로 뛰어갔다. 정력에 그렇게도 좋다는 호랑이 불알을 날것으로 삼킨 후라 힘이 펄펄 났다. 새참보다 욕망 해소가 더 급했다. 그래서 다짜고짜 밭두렁에 아내를 눕히고 백주에 일을 벌이기 시작했다.

그것을 본 호랑이는 혼자 낄낄 웃기 시작했다. 한 걸음 옮기다가 고개를 돌려 그것을 보고, 두 걸음 옮겨 다시 그것을 보

120

고 웃었다. 그러면서 이렇게 중얼거리는 것이었다.

"낄낄낄낄……. 나도 불알을 발려서 아파 죽겠는데 저놈도 엉겁결에 불알을 발리는구나. 낄낄……, 너도 꽤 아플 것이다! 낄낄낄낄……."

⑷ 사람의 의표를 찌르는 기발한 착상과 기지

영국인을 모욕하는 가장 심한 말은, "당신은 유머감각이 없다."라는 말이라고 한다. 영국인들은 이 말을 '옹졸한 사람'의 동의어로 받아들이기 때문에 심한 모욕감을 느낀다는 것이다.

사실 마음의 여유가 없는 사람에게는 유머감각이 결여되어 있기 마련이다. 마음의 여유가 없기 때문에 사소한 일에도 금방 벌컥 성을 내거나 심각해져서 절도를 잃어버리는 것이다.

사람의 의표를 찌르는 기발한 착상과 기지는 고품격의 웃음을 자아내게 한다. 기지(機知)는 위트(wit)와 같은 의미를 가진 말인데, 경우에 따라 그때그때 재치있게 대응하는 슬기를 뜻한다. 위트가 풍부한 사람은 때와 장소에 걸맞는 위트를 활용함으로써 대화를 재미있고 유쾌하게 만든다. 다음은 영국에서 있었던 일이다.

풍만한 몸집의 어느 귀부인이 한껏 몸치장을 하고 한가롭게 공원을 산책하고 있었다. 손가락에는 보석이 반짝거리고 진주목걸이에서는 영롱한 빛이 발산했다. 공원에 있는 사람들의 시선이 그 귀부인에게 집중되었다. 특히 여성들의 시선은 선망과 질투가 뒤섞여 복잡했다.

가난한 청년과 데이트를 하고 있던 아가씨의 시선도 그 귀부인에게 사로잡혀 있었다. 애인의 그런 모습을 본 청년은 반발을 느끼고 귀부인을 향해,

"이 돼지 같은 여자야!"

하고 소리쳤다.

"뭐라고, 돼지라고……?"

귀부인이 얼굴을 붉히며 항의하자 청년은 코웃음을 쳤다.

"그렇다, 이 돼지야!"

귀부인은 청년의 모욕을 받고 몹시 화가 나서 고발을 했다. 자초지종을 들은 재판장은 이렇게 판결을 내렸다.

"귀부인을 돼지라고 한 것은 큰 모욕이다. 벌금형에 처한다."

벌금형을 선고받은 청년이 재판장을 향해 엽을 열었다.

"재판장님, 선고하신 벌금은 내겠습니다. 그런데 한 가지 묻고 싶은 말이 있습니다."

"무엇인가?"

"돼지에게 귀부인이라고 하면 죄가 됩니까?"

"아니다. 그건 상관없다. 돼지에게라면 무슨 말을 해도 괜찮다."

재판장의 말을 들은 청년의 얼굴이 묘하게 일그러졌다. 청년은 재판장을 향하여,

"아, 그렇습니까?"

하고 말한 다음 재빨리 고개를 돌려 귀부인을 쏘아보았다.

"그렇다면 귀부인, 안녕히 가십시오."

청년의 이 말에 귀부인의 얼굴이 붉어짐과 동시에 좌중에

사람의 의표를 찌르는 기발한 착상과 기지는
고품격의 웃음을 자아내게 한다.

선 폭소가 터졌다.

이것이 사람의 의표를 찌르는 위트인데, 이 말을 듣고 바로 웃을 수 있는 사람은 두뇌회전이 빠른 사람이라 할 수 있다. 다음도 같은 맥락의 위트이다.

미국의 유명한 인생상담가인 에비는 어느 날 한 부인으로부터 장문의 상담편지를 받았다. 20여 년을 함께 산 남편에게 인간적인 배신감을 느껴 도저히 견딜 수가 없다는 내용의 편지였다.

부인은 편지의 끝머리에 남편에게 실망한 이유를 이렇게 적었다.

"제가 남편에게 물었습니다. 우리 부부와 당신 어머니가 함께 배를 타고 바다에 나갔다가 배가 뒤집어지면 누구를 먼저 구해 줄 것이냐구요. 그 질문에 남편은 주저하지도 않고 이렇게 대답하는 것이었습니다.

'그걸 말이라고 하나. 당연히 어머니부터 구해야지. 아내가 죽으면 새로 얻을 수가 있지만 어머니는 한번 죽으면 새로 얻을 수가 없잖아.'

이렇게 무정한 남자를 믿고 지금까지 내 인생을 맡긴 걸 생각하면 저는 화가 나서 견딜 수가 없습니다. 이제 저는 어찌해야 합니까? 박사님의 현명한 충고를 부탁드립니다."

에비의 답은 간단했다.

"수영을 배우세요."

(5) 황당무계한 거짓말과 허풍

황당무계한 거짓말과 허풍도 훌륭한 웃음의 소재가 된다. 너무 지나친 과장과 거짓말은 지능이 웬만한 사람을 속일 수가 없다. 바로 속지 않는다는 그 이유가 웃음을 유발시킨다. 이것의 근원도 나는 그따위 거짓말이나 허풍에 속을 만큼 어리석지 않다는 '우월감'에서 비롯된다.

합천 해인사의 가마솥이 크다는 소문이 자자했다. 또 안변 석왕사 변소의 깊이가 제일이라는 소문이 나돌았다. 그러던 어느 날 합천 해인사의 스님과 안변 석왕사의 스님이 우연히 길에서 마주쳤다.

"해인사의 가마솥이 엄청나게 크다는 소문을 들었습니다. 대관절 얼마나 크길래 그렇습니까?"

석왕사 스님의 말에 해인사 스님이 기다렸다는 듯이 대답한다.

"크지요. 어떻게 말을 해야 그 크기를 짐작할 수 있을까요? 아무튼 지난 동짓달에 팥죽을 쑬 때 소승의 상좌가 나 룻배를 타고 팥죽을 저으러 나갔는데 보름이 지난 오늘까지 돌아오지 않고 있습니다. 그만 돌아오라고 목청껏 소리를 쳤습니다만, 가마솥이 망망대해와 같아서 아무리 소리쳐도 내 상좌놈의 귀에 들리지 않나 봅니다그려."

"허, 정말 크긴 큰 모양이군요."

"크다마다요. 헌데 석왕사의 변소는 얼마나 깊길래 소문 이 굉장합니까?"

"도저히 깊이를 알 수가 없지요. 말씀드리기가 좀 거북합 니다만, 소승이 한 달 전에 절을 떠날 때 뒤를 보고 나왔습 니다. 아마도 그것이 지금도 밑바닥에 떨어지지 못했을 것 입니다."

허풍의 정도를 훨씬 넘어선 황당무계한 거짓말이다. 이런 거짓말에 속을 사람은 아무도 없을 것이다. 이런 말장난과 같은 언어의 유희 속에 풍자가 곁들어지면 멋들어진 해학이 되는데, .다음은 그런 경우에 해당된다.

대원군 집정시 청국에서 사신이 왔다. 통사(通事) 김지영 (金志英)이 나가 정중히 맞이하여 이곳저곳을 구경시켰다.

경복궁에 이르러 청국 사신이 물었다.

"대체 이 건물을 짓는 데 몇 해나 걸렸소이까?"

"확실히는 모르겠으나 한 3년은 걸렸을 것입니다."

통사 김지영의 말에 청국 사신은 헛기침을 하면서 거만하 게 말했다.

"으허험! 저 정도라면 우리 청국에서는 1년이면 충분히 지을 수 있습니다."

창덕궁 앞에 이르러 청국 사신이 또 물었다.

"이 궁궐 이름은 무엇입니까?"

"창덕궁이라 합니다."

"창덕궁을 짓는 데는 얼마나 걸렸습니까?"

"1년 정도 걸렸습니다."

"어휴, 1년이나 걸렸다구요? 저 정도라면 우리 청국에서는 석 달이면 거뜬히 완성할 수 있을 것입니다."

청국 사신의 허풍에 김지영은 은근히 화가 치밀었다. 남대문에 이르렀을 때 사신은 똑같은 질문을 했다. 통사 김지영은 고개를 갸우뚱하며 이렇게 대답했다.

"어, 이상하다! 이 문은 어제 아침까지만 해도 분명히 없었는데 언제 세웠을까?"

'눈[目]에는 눈으로, 이[齒]에는 이로'라는 말이 있다. 이 말은 유대교의 교전이었던 구약성서에 씌어 있는 규정이다. 그리스도는 '산상수훈(山上垂訓)'으로 불리는 유명한 설교에서 이 말을, "오른쪽 뺨을 맞으면 왼쪽 뺨을 내놓도록 하라."고 가르쳤다.

그러나 이 말의 본뜻은 원시적인 형벌법으로 동해복수법(同害復讐法), 또는 동태복수법(同態復讐法)이라고 불린다.

연전에 이런 사건이 있었다. 자기의 자동차를 발로 찬 사람을 차로 치어 죽인 것이다. 자동차를 발로 차였다면 자기도 상대의 자동차를 발로 차든가 그 인간을 발로 차면 계산이 맞는다.

그러나 인간이라는 존재는 그런 계산법으로 분한 감정을 풀지 못한다. 자동차를 발로 차인 것만으로도 상대를 죽이고 싶어할 정도의 원한을 가질 수 있는 것이다. 그런 인간성을 간파했기에 '눈엔 눈으로'라는 복수규제의 규정을 정한 것이다. 다시 말해서, 자기의 눈을 뽑힌 사람은 상대방의 눈을 뽑아도 좋지만, 원한에 사무쳐 그 이상의 복수를 해서는 안 된다는 말이다.

이야기가 곁길로 빠졌지만, 인간관계에서 유머에는 유머로, 허풍에는 허풍으로 맞대응하는 것도 나쁘지는 않다. 허풍 떨지 말라거나 거짓말하지 말라고 면전에서 면박을 주어서 이로울 것은 없다.

어느 고을에 원님이 새로 부임을 했다. 이 원님은 동서(東西)도 구별을 못하는 천치였지만 조상의 덕으로 어찌어찌하여 벼슬을 살게 된 것이다.

이가 없으면 잇몸으로 산다고 했던가. 원님 자신은 바보였지만 그 아내는 지혜로운 여자였기 때문에 모든 일을 아내에게 물어서 처리했다.

그런데 그때 그때 처리해야 하는 자잘한 송사(訟事)만은 아내의 지혜를 빌릴 수가 없었다. 동헌 뜰에 죄인을 엎어놓고 아내에게 물어보러 갈 수는 없는 노릇이었다.

궁리 끝에 한 꾀를 생각해 냈다. 원님이 앉은 자리에서 잘 보이는 곳에 발을 늘이고 그 안에 부인이 앉아 손짓발짓으로 처리방법을 지시했다.

어느 날 한 사람이 잡혀왔다. 한참 동안 울며불며 항변을 하는데 바보 원님으로서는 사리판단을 할 수 없었으므로 도무지 판결을 내릴 수가 없었다. 그래서 아내가 숨어 있는 쪽을 곁눈질해 보니까 아내가 손바닥을 밑으로 엎었다.

'옳지, 엎어놓고 볼기를 치라는 말이구나.'

이렇게 생각한 원님은 근엄한 목소리로 호령했다.

"저놈을 엎어놓고 매우 쳐라!"

사령들이 사정없이 볼기를 쳤다.

"어이쿠, 볼기짝이야! 어이쿠, 나 죽네!"

볼기가 터져 피가 낭자했고 비명소리가 동헌에 가득했다. 마음이 약한 원님은 보기가 딱해서 다시 아내를 보았지만 아무런 지시를 내리지 않았다.

'무슨 죄를 지었길래 볼기짝이 터지도록 때리라는 것인가. 저러다가 사람 하나 죽이겠네.'

원님은 마치 자신이 볼기를 맞기나 하는 것처럼 고통스런 표정을 지으며 아내를 보았다. 그때 아내가 손바닥을 젖혔다. 그것은 그만 때리라는 신호였다. 그런데 원님은 그 신호를 깜빡 잊어버리고 이렇게 명령했다.

"여봐라! 그놈을 젖혀놓아라."

사령들이 영문을 모르겠다는 표정을 하고 죄인을 젖혀놓았다. 볼기를 치느라 바지를 무릎까지 내린 상태에서 바로 눕혀놓았기 때문에 큼직한 양물이 그대로 드러났다. 죄인은 터진 볼기가 바닥에 눌려 아프기도 했지만 부끄러운 곳을 보이고 있다는 수치심 때문에 눈물을 찔끔거렸다.

발 뒤에 숨어 그 꼴을 보고 있는 아내는 일이 어처구니없이 돌아간 것에 무안했지만, 한편으로 그 꼴이 어찌나 우스운지 금세 웃음이 터져나올 지경이었다. 그래서 웃음을 참느라고 가운데 손가락을 꽉 깨물었다. 부인의 지시를 기다리고 있던 원님이 그것을 보았다.

'세상에 묘한 벌도 다 있구나.'

원님은 이상하게 생각하면서도 눈을 딱 감고 신음하듯 명했다.

"여봐라, 그놈의 그것을 깨물어라!"

⑹ 경탄할 만한 임기응변

누가 뭐라 해도 꽉 막혀 고지식한 사람보다 재치있는 사람이 시원스럽고 편하다. 사람을 덜 괴롭히고 덜 피곤하게 한다. 그때 그때의 사정과 형편을 보아 그에 알맞게 그 자리에서 처리하는 임기응변이 뛰어나기 때문에 불필요한 분쟁을 피하게 만들고, 능란하게 분위기를 주도한다.

재치있는 사람은 싸우지 않고도 상대를 제압한다. 크게 힘들이지 않고도 상대를 설득한다. 그러면서 사람들을 빙그레 웃게 만든다.

다음은 해학과 기지가 넘치는 삽화이다.

스산한 바람이 우수수 나뭇잎을 떨구어내는 어느 가을 날, 한 부자가 하인에게 경마를 잡히고 한적한 산길을 가고 있었다. 가파른 고갯길을 막 넘어서는데 숲속에서 복면을 한 괴한이 불쑥 뛰쳐나오며 두 사람의 앞을 가로막았다. 괴한은 시퍼렇게 날이 선 장검을 하인의 목에 겨누고 무섭게 으르렁거렸다.

"꼼짝 말고 가진 것을 모두 내놓아라! 돈을 내놓으면 살려줄 것이고, 그렇지 않으면 당장에 목을 베겠다."

오가는 행인의 금품을 노리는 강도였다. 급작스런 강도의 출현에 주인과 하인은 얼굴이 사색이 되어 부들부들 떨었다. 이때 하인의 눈빛이 묘하게 변하더니 말 위에 있는 주인을 거칠게 끌어내렸다. 주인이 땅에 나동그라지자 하인은 냅다 주인의 가슴을 밟고는 강도를 향해 소리쳤다.

"친구, 참 잘 만났소. 이놈이 내 주인인데 아주 나쁜 놈이오. 너무나도 나를 괴롭혔기 때문에 기회만 오면 죽이려고 벼르고 있었소. 그런데 오늘 친구를 만났으니 마침 잘되었소."

하인은 자기가 얼마나 원한에 사무쳐 있는가를 보여주기라도 하는 듯 불끈 쥔 주먹을 부르르 떨다가 다시 말했다.

"말 뒤에 실은 짐짝 속에는 서울 가서 땅을 살 엄청나게 많은 돈이 있소. 그 돈만 있으면 당신하고 나하고 평생 먹고도 남을 것이오. 그러니 이놈을 죽이고 우리가 돈을 나눠 가지는 것이 어떻겠소?"

하인의 말을 들은 강도는 이리저리 눈알을 굴리면서 연신 마른침을 삼켰다. 엄청나게 많은 돈이 있다는 소리에 가슴이 떨리는 모양이었다.

"친구, 얼른 나한테 칼을 주시오. 당장에 이놈의 몸을 베어 그 동안 나를 괴롭힌 원수를 갚겠소. 그리고 돈을 사이좋게 나눕시다."

하인이 재촉을 하자 강도가 떨리는 목소리로 말했다.

"돈을 사이좋게 나누자고? 나한테는 얼마나 주겠소?"

"그야 절반씩 나눠야지요. 그러니 어서 그 칼을 내게 주시오. 이놈은 나의 원수이니 내가 죽이겠소. 내 손으로 죽이지 않으면 천추의 한이 남을 것 아니겠소?"

"그, 그렇겠군요."

"이놈은 아주 나쁜 놈이니 당장 죽여야 하오. 어서 칼을 주시오.”

“그럼, 그자를 죽인 후에 돈의 절반은 꼭 내게 주겠지요?”

“걱정하지 마시오. 나는 약속을 꼭 지키는 사람이오.”

강도는 하인에게 칼을 넘겨주었다. 그러자 하인은 태도를 돌변하여 강도의 가슴을 힘껏 찔렀다.

“으악! 이 이게 무슨 짓이오?”

강도는 고통스런 신음과 함께 피를 뿜어내며 비틀거렸다.

“이 어리석은 놈이 아직도 죽지를 않았군.”

하인은 강도의 목을 베었다. 그러자 강도는 바닥에 쓰러져 죽으면서 이렇게 소리쳤다.

“그래도 내 몫은 절반이다!”

위기의 상황에서 발휘한 하인의 침착한 임기응변이 생명과 재물을 지킨 것이다. 경탄할 만한 임기응변에 대한 이야기로는 또 이런 것도 있다.

어떤 사람이 밤에 으슥한 골목을 걷다가 강도를 만났다. 강도는 권총을 들이대며 낮게 소리쳤다.

“살고 싶으면 가진 것을 모두 내놓아라.”

사나이는 덜덜 떨면서 주머니 속에 있는 돈을 모두 꺼내 강도에게 주었다.

“바닥에 엎드려!”

강도가 소리치자 사나이는 쭉 뻗은 개구리처럼 바닥에 엎드렸다.

“조금이라도 움직이면 총알이 용서치 않을 것이다. 알았나?"

"예예, 여부가 있겠습니까."

"눈 꼭 감고 하나에서부터 백까지 센다. 실시!"

"하나 둘 셋……."

사나이가 눈을 감고 수를 헤아리기 시작하자 조심스럽게 움직이는 강도의 발소리가 들렸다. 정신을 차린 사나이가 재빨리 입을 열었다.

"여, 여보시오!"

"뭐야?"

강도가 걸음을 멈추고 신경질적인 소리를 냈다.

"그 돈은 우리 회사돈이오. 내가 이대로 돌아가면 아마 내가 술을 먹느라고 다 써버렸다고 생각할 것이오. 그래서 부탁을 하나 하겠소."

강도는 잠시 망설이다가 조금 양심이 살아 있는지 퉁명스럽게 말했다.

"뭐요, 그 부탁이라는 것이?"

"미안하지만 내 양복 상의에다 권총을 쏘아줄 수 없겠소? 총알자국이 있으면 내가 정말 강도를 만났다는 사실을 믿을 것이 아니겠소?"

"그건 그렇군. 양복을 벗어주시오."

사나이는 양복을 벗어 강도에게 주었다. 이윽고 총소리가 울렸다.

"탕! 탕! 탕!"

세 발의 총성이 울린 후 강도가 양복을 사나이에게 던져주었다.

"자, 이젠 되었소?"

"아니오, 한 방만 더 쏴주시오."

사나이의 부탁에 강도가 말했다.

"이젠 총알이 없소."

이 말이 떨어지기가 무섭게 사나이가 벌떡 몸을 일으켜 강도의 얼굴을 향해 주먹을 날렸다.

이와 비슷한 가락의 이야기는 수없이 많다.

나라가 망하려면 먼저 그 조짐부터 심상치 않다. 조선조 말엽에는 온갖 매관매직, 사기횡령, 부정과 불의가 횡행했다. 그때 충청도 아산(牙山) 고을은 유독 도둑이 들끓었다. 백주에 떼강도가 출연하여 닥치는 대로 민가의 재물을 약탈해 갔다.

아산 군수로 부임하는 자는 도둑과의 전쟁에 골머리를 썩었다. 온 힘을 다하여 도둑을 잡아 죽였지만 도둑의 기세는 조금도 꺾이지 않았다. 오히려 무장한 도둑의 잔당들이 원한을 품고 관아를 공격하여 군수와 관속들을 무참히 살해하는 것이었다.

부임하는 군수마다 열흘을 넘기지 못하고 속속 도둑들의 손에 죽었다. 그런 일이 계속되자 그 누구도 아산 군수로 부임하고자 하는 자가 없었다. 조정에서는 벼슬의 높고 낮음을 따지지 않고 지원자를 아산 군수로 부임시키고자 했다.

그러자 아산 군수로 가겠다고 용감히 자원하고 나선 사람이 있었다. 장일호(張逸浩)라는 이름의 무관이었다. 일개 군졸에 지나지 않던 장일호는 일약 한 고을의 수령이 되어 아산 군수로 부임했다.

그는 뛰어난 검술의 소유자로 기골이 장대하고 성품이 호

방한 사람이었다. 죽을 때 죽더라도 높은 벼슬을 해보고 죽
는 것이 사내 대장부의 자세라고 생각했다. 이렇게 배짱이
두둑한 장일호는 부임하자 곧 동헌을 엄하게 단속하고 관속
들을 준열하게 감독하였다.

장일호는 손수 군졸을 거느리고 도둑소탕에 앞장서서 많
은 도둑들을 잡아 처형했다. 그리고 밤에는 도둑의 습격에
대비하여 거의 뜬눈으로 날을 새우다시피 했다.

하루하루가 피를 말리는 시간이었다. 낮에는 도둑 소탕에
혼신의 힘을 쏟고 밤에는 긴장감 때문에 깊은 잠을 이루지
못하는 나날이 계속되니 피곤하기가 이루 말할 수 없었다.

"두 다리 쭉 뻗고 편한 잠 한번 자봤으면……."

장군수는 자정이 훨씬 넘도록 졸음을 쫓으며 《주역》을
읽다가 자기도 모르게 자신의 처지를 한탄했다. 창문을 열
고 밖을 보니 달빛은 교교하고 사위는 조용했다. 어디선가
풀벌레들이 사무치게 울어댔다.

"고향의 부모님과 아내와 아이들은 잘 있는지……."

장군수는 향수에 젖어 방안을 몇 바퀴 돌다가 문단속을
단단히 하고 자리에 누웠다. 눈만 감으면 소나기처럼 쏟아
질 것만 같던 잠이었다. 그런데 그 잠귀신이 어디로 도망을
갔는지 오히려 눈이 말똥말똥해졌다.

"괴롭다. 정말 괴롭다!"

장군수는 한없이 몸을 뒤척이다가 새벽녘에야 가까스로
잠들었다. 바로 이때 그림자 하나가 문밖에서 얼씬거렸다.
그 그림자는 문틈으로 잠시 방안을 엿보다가 실로 재빠른
동작으로 방문을 열고 방안으로 들어섰다. 그 바람에 어설
프게 잠든 장군수가 번쩍 눈을 떴다.

"꼼짝 마!"

검은 복면을 한 괴한은 무섭게 으르렁거리며 시퍼런 칼끝으로 장군수의 목덜미를 겨누었다. 장군수는 자리 밑에 넣어 둔 육혈포 자루를 잡아보지도 못하고 꼼짝없이 괴한의 칼에 죽게 되었다.

"네 이놈! 네놈의 손에 내 아버지와 형이 잡혀 죽었다. 그 원수를 갚으러 왔으니 나를 원망하지 말아라."

괴한은 이렇게 소리치며 칼을 번쩍 들었다. 실로 위기일발이었다. 바로 이 순간 장군수의 뇌리를 휙 하고 스치는 섬광이 있었다. 그것은 이러한 때일수록 침착하라는 자기 명령이었다.

"여보게, 내 손에 그대의 부친과 형이 죽었다니 미안하다는 말밖에는 뭐라고 할말이 없네. 그런데 나 하나 죽이는 데 그대 혼자라도 넉넉할텐데 웬 사람을 그리도 많이 데리고 왔나?"

장군수의 이 말에 괴한은 부릅뜬 눈을 무섭게 빛내며 냉엄하게 말했다.

"무슨 소리? 나는 혼자 왔다."

"혼자라구?"

"그렇다."

"그렇다면 그대 뒤에 따라 들어온 저들은 누구란 말인가?"

괴한은 분명 자기 혼자 들어왔는데 뒤에 누가 또 있다는 말에 질겁을 하고 뒤를 돌아보았다. 그 찰나에 자리 밑에 넣어두었던 육혈포를 꺼낸 장군수는 괴한을 향하여 방아쇠를 당겼다.

"탕 !"

"으흑 !"

요란한 총성이 울림과 동시에 단말마 비명이 터졌다. 괴한은 가슴에서 콸콸 피를 쏟으며 벌러덩 뒤로 넘어져 죽고 말았다.

위기일발의 순간에서 발휘한 그 침착, 경탄할 만한 임기응변으로 생명을 구한 것이다.

"호랑이에게 물려가도 정신만 차리면 산다."는 속담이 있다. 위기일발의 순간일수록 침착하게 마음먹고 지혜를 짜내면 살 길이 생기는 것이다.

(7) 뼈를 깎아내는 듯한 풍자

명동거리를 걷고 있는데 텔레비전 어느 프로에서 나와 오가는 시민들과 인터뷰를 하고 있었다. 그 프로에 대한 시청자의 반응을 알아보고 있는 중이었다.

그 프로를 통하여 꽤 유명해진 김모 개그맨이 아리따운 아가씨를 붙잡고 묻는다.

"아가씨는 무슨무슨 프로를 어떻게 생각하십니까?"

아가씨는 잠시 난처한 표정을 짓다가 대답한다.

"전 그 프로를 안 보기 때문에 모르겠어요."

"어머나 세상에 ! 어떻게 그 유명한 프로를 안 볼 수가 있어요? 친구들이 원시인 내지 쉰세대라고 놀리지 않아요?"

아가씨가 살짝 얼굴을 붉히며 웃자 개그맨이 다시 장난스레 묻는다.

"그럼 아가씨는 어떤 프로를 좋아하세요?"

"전 라디오를 즐겨 들어요."

"허어, 라디오를 다 즐겨 들어요? 눈에 보이지도 않는 그 원시적인 라디오를 말이죠?"

개그맨의 말투에는 다분한 비꼼이 숨어 있었다. 아가씨는 정색을 하고 이렇게 말했다.

"그렇습니다. 귀와 눈을 동시에 사용하려고 하면 머리를 사용할 수 없게 되는 법이니까요."

아가씨를 비웃던 개그맨은 마지막 한마디에 야코가 팍 죽었다. 바로 이것이 풍자의 힘이고 묘미다.

무슨 말을 듣고 곧 화를 내거나 토라지면 경박한 사람으로 오해받기 쉽다. 지혜로운 사람은 멋들어진 풍자로써 상대를 제압한다.

다음은 친일파들의 간담을 서늘하게 만든 월남 이상재(月南 李商在) 선생의 날카로운 풍자이다.

조선미술협회 창립 기념식이 성대하게 열렸다. 그 자리에는 조선총독 이등박문을 비롯하여 이완용, 송병준 같은 친일파들이 많이 참석했다. 마침 그 자리에 앉아 있던 이상재 선생이 이완용과 송병준을 보고 넌지시 말했다.

"두 분 대감은 일본으로 가시는 게 좋지 않겠소?"

이완용과 송병준은 난데없는 말에 영문을 몰라 서로의 얼굴을 쳐다보다가 이상재 선생에게 되물었다.

"별안간 그게 무슨 말씀이십니까?"

이상재 선생은 눈썹 하나 까딱하지 않고 즉시 대꾸했다.

"대감들은 나라를 망하게 하는 재주꾼들 아니오. 그러니 두 분이 일본으로 가면 일본이 망하게 될 것 아니겠소."

두 사람은 말할 것도 없고 그 자리에 참석했던 모든 친일파들은 창피해 어쩔 줄을 몰랐다.

사또가 동헌 마루에 앉아 포졸들이 잡아온 날강도의 죄상을 들은 후 한참 동안 그 날강도를 물끄러미 내려다보고 있었다. 그러다가 몹시 침통한 목소리로 입을 열었다.

"인두겁을 쓰고 어떻게 그토록 천인공노할 만행을 저지를 수 있단 말이냐. 짐승만도 못한 너와 한 하늘 아래서 살아온 내가 다 부끄럽다."

사또는 이렇게 탄식한 후에 포졸을 향해 명했다.

"여봐라! 저놈, 저 짐승 같은 놈은 사람도 아니니 그냥 풀어주어라."

뜻밖의 말에 포졸들은 영문을 모르겠다는 표정으로 서로의 얼굴을 쳐다보며 멍청히 서 있었다.

"풀어주라는데 왜 그러고들 있느냐!"

사또가 재차 명령을 내리자 한 포졸이 아뢰었다.

"사또님, 어이하여 이런 흉악범을 풀어주라 하십니까? 소인은 그 까닭을 모르겠습니다."

"내가 시키는 대로 하면 될 것이지 무슨 말이 그리 많으냐. 어서 풀어주어라. 그러면 대문 밖을 나가자마자 스스로 자살할 것이다."

"자살을 한다고요?"

"그렇다. 짐승만도 못한 놈이라는 소리를 듣고 어찌 살겠느냐."

"……."

포졸들은 하는 수 없이 날강도의 결박을 풀어주었다. 그러자 날강도는 사또에게 넙죽 절하고 번개처럼 밖으로 나갔다. 사또는 포졸들에게 다시 명하여 그 날강도의 뒤를 따라가보라고 했다.

이윽고 포졸이 들어와 아뢰었다.

"그놈이 죽기는커녕 너털웃음을 치며 꽁지가 빠지도록 도망쳤습니다, 사또 나리!"

"뭐라고? 죽지 않고 도망을 쳤다고? 쯧쯧……, 남한테 짐승만도 못한 놈이란 말을 듣고도 자살을 안 하다니 참으로 그놈은 사람도 아니구나."

사람이 치욕스런 일을 당하고도 치욕으로 생각하지 않는다면 그는 이미 사람의 격에서 탈피했다. 수치와 부끄러움을 모르는 사람은 개돼지와 진배없는 것이다. 다음도 뼈를 찌르는 풍자이다.

남을 골탕먹이기를 좋아하는 아주 질이 좋지 못한 관리가 있었다. 스스로 화술에 자신감을 갖고 있는 그 관리는 교묘한 말재주로 만나는 사람을 곯려주곤 했다.

어느 날 그는 우연히 영국의 유명한 소설가 스위프트를 만나게 되었다.

'옳지, 글 나부랑이를 쓴다고 으스대는 네놈을 크게 한번 놀려줘야겠다.'

이렇게 생각한 관리는 스위프트에게 질문을 던졌다.

"선생, 악마와 목사와의 사이에서 소송이 일어난다면 어느 쪽이 이기겠습니까? 선생의 생각을 들려주십시오."

스위프트는 작가인 동시에 목사이기도 했다. 그렇기 때문에 관리가 자신을 조롱하고 있음을 금세 알아차렸다. 스위프트는 무척 불쾌했지만 그것을 내색하지 않고 웃으면서 말했다.

"그거야, 악마가 이길 것이 틀림없습니다."

관리가 생각하는 것과는 정반대의 대답이었다. 때문에 어째서 그러냐고 그 이유를 묻지 않을 수 없었다.

"허어, 참으로 뜻밖의 말씀이군요. 그 이유를 설명해 주실 수 없겠습니까?"

스위프트는 내심으로 쾌재를 불렀다. 참으로 자기가 하고 싶은 말에 대한 질문을 관리가 해주었기 때문이었다.

"으하하하……."

스위프트는 호탕하게 웃은 후에 목청을 가다듬고 힘차게 말했다.

"그 이유야 관청의 관리들이 모두 악마와 한편이기 때문이지요."

이 말을 들은 관리는 얼굴이 새빨갛게 달아올라 재빨리 자리를 뜨고 말았다.

영국의 성직자 토머스 플러는, "남에게 진흙을 던지는 자는 누구보다도 자기 자신을 먼저 더럽힌다."라고 말했다. 교묘한 말재주로 감정을 긁어대는 사람에게는 풍자로써 따끔하게 혼내줄 필요가 있다. 다음의 풍자는 좋은 예가 될 것이다.

어느 험구가(險口家)가 있었다. 그는 언제나 남의 집에서 음식을 먹을 때 애써 만들어놓은 음식을 실컷 먹고 나서 흉을 보는 나쁜 버릇이 있었다.

"에잇, 참! 입맛만 버렸군, 입맛만 버렸어. 이렇게 형편없는 음식은 난생 처음이야."

음식을 대접하고도 이따위 소리를 들어야 하는 주부의 기분은 그야말로 뭣 밟은 느낌보다 더했을 것이 뻔하다.

몇 번이나 도가 지나친 험구에 자존심이 상할 대로 상한 주부가 뽀드득 이를 갈게 되었다. 언젠가는 크게 망신을 주리라 벼르고 또 별렀다.

그러던 어느 날 마침내 기회가 왔다. 그 주부는 문제의 험구가를 비롯한 많은 사람들을 잔치에 초대했다. 식탁은 풍성했다. 특히 양고기와 야채를 한데 끓인 음식이 참석자들에게 인기가 있었다.

험구가도 이 음식을 맛있게 먹는 것 같았다. 그런데 아니나다를까. 그 집의 주부가 곁에 다가오자 실컷 먹은 험구가의 입에서 그 못된 험구가 쏟아졌다.

"무슨 음식이 이렇소? 마치 돼지먹이 같군요."

이 말을 들은 주부는 반색을 하며 모든 사람들이 들리도록 소리쳤다.

"어머나, 그래요? 그렇다면 당신께만 특별히 한 접시 더 드리겠어요."

주부의 이 말에 험구가의 표정이 새빨갛게 변했다. 잔치에 참석했던 모든 사람들이 웃음을 참지 못하고 험구가에게 시선을 집중했기 때문이었다.

그는 자신의 험구로 인해 스스로 돼지가 되어버렸다. 이렇게 망신을 다한 후에야 그는 독선의 나쁜 버릇을 고치게 되었다.

"열 마디 말 가운데 아홉 마디가 맞아도 신기하다고 칭찬하지 않으면서, 한 마디 말이 맞지 않으면 원망의 소리가 사방에서 들려온다. 열 가지 계획 가운데 아홉 가지가 성취되어도 공로를 그에게 돌리지 않으면서, 한 가지 계획이 실패하면 헐뜯는 소리가 사방에서 들려온다. 군자가 차라리 입을 다물지언정 떠들지 않고, 서툰 체할지언정 재주있는 체하지 않는 까닭은 여기에 있다."

《채근담》에 나오는 말로서, 잘한 일은 칭찬하지 않고 못한 일에 대해서는 기를 쓰고 비난하는 세상인심을 꼬집는 말이다.

"사돈이 땅을 사면 배가 아프다."라는 속담이 단적으로 말해 주듯이, 우리는 칭찬보다는 비난을 많이 하고 산다. 남이 나보다 잘되는 것보다는 못되는 것이 좋고, 남이 나보다 행복하면 어쩐지 마음이 편치 않은 것이다.

이것은 상대적 열등감에서 오는 인간의 본능이라고 할 수 있다. 즉, 자신이 열 가지의 행복을 가지고 있다면 다섯 가지의 행복을 가진 사람에 대하여 스스럼없는 칭찬을 해줄 수 있다. 그러나 상대방의 행복이 다섯에서 몇 가지씩 불어나게 되면 그러한 마음은 싹 가시게 됨과 동시에 비난의 이빨을 갈게 되는 것이다. 이런 이유에서 대부분의 비난은 상대적인 열등감에서 생기는 것이 많다.

비난이 상대방에게 피해를 준다는 사실에 대해서는 두말할 여지가 없다. 그러나 비난을 하는 자기 스스로에게는 더 큰 피해를 주게 된다. 잠시 책 읽는 것을 멈추고 비난의 대상을 향해 손가락질을 해보라. 비난의 대상을 향하는 것은 집게손가락뿐이지만 당신을 향한 손가락은 세 개나 된다는 사실을 알 수 있을 것이다. 이것이 비난에 대한 가장 평범한 진리이다.

그러므로 상대방을 비난하기보다는 장점을 찾아내어 칭찬하라. 상대방을 칭찬하게 되면 상대방도 나를 칭찬하게 된다. 아홉 가지의 결점을 비난하기보다는 한 가지의 장점을 칭찬하라. 이 세상의 모든 이치는 남에게 줌으로써 자기가 받게 되는 것이다.

그러나 세상에는 참으로 염치없는 사람도 존재한다. 다른 사람들의 선량함을 이용하여 자기의 이기심을 충족시키는 사람들이 그런 부류의 사람이다. 그들은 남이야 어떻게 되든말든 나만 편하고 나에게만 이득이 있으면 그만이라는 사고방식을 가지고 살아간다.

교활한 이기주의자들은 한번쯤 따끔하게 혼을 내줄 필요가 있다. 다시는 못된 짓을 하지 못하도록 쐐기를 박아놓지 않으면 그들의 못된 짓은 언제까지나 반복된다. 다음의 예화는 교활한 자를 깨우친 풍자이다.

마음씨 좋은 문필가가 하인을 데리고 여행을 했다. 그 하인은 처음에는 시중을 잘 들었으나 여행이 길어지자 무척이나 게으르고 못된 꾀만 부렸다. 그래서 문필가는 기회가 오면 하인의 못된 버릇을 바로잡으려고 단단히 별렀다.

그러던 어느 날 아침, 문필가는 마음을 먹고 하인을 불렀다. 몇날 며칠 동안이나 자신의 구두를 닦아놓지 않아 너무도 더러웠기 때문이었다.

"부르셨습니까, 주인님!"

하인이 눈을 멀뚱거리자 문필가는 표정을 찌푸리며 소리쳤다.

"자네는 대체 뭘 하는 사람인가?"

"아니, 주인님! 대체 무슨 일 때문에 그러십니까?"

"몰라서 묻는 건가! 내 구두를 좀 보게. 이렇게 더러운 구두를 어떻게 신고 다니라고 흙이 잔뜩 묻어 있는데도 닦아놓지 않은 건가?"

주인인 문필가가 화가 나서 꾸짖는데도 하인은 눈썹 하나 까딱하지 않고 변명을 늘어놓았다.

"아하, 그것 때문입니까? 사실 저도 말끔히 손질을 해놓고 싶습니다. 그런데 말씀입니다요, 주인님께서 나들이를 하시게 되면 어차피 다시 더러워질 것이 아닙니까? 그래서 구두약을 절약할 생각으로 닦지 않았던 것입니다."

문필가는 하도 어이가 없고 기가 막혀서 웃고 말았지만 생각할수록 괘씸하기 짝이 없었다. 그래서 묵고 있던 호텔 주인을 불러 오늘 아침식사는 한 사람 몫만 준비하라고 일렀다.

"작가 선생님, 어째서 오늘은 한 사람 몫의 식사만 주문하십니까?"

호텔 주인은 언제나 하인 몫과 함께 주문하던 문필가가 오늘따라 한 사람 몫만 주문하는 것이 이상하여 물었다. 그러자 문필가가 웃으며 대답했다.

"하하하……. 오늘은 그럴 만한 이유가 있습니다. 오늘부터 하인은 식사를 안 해도 되니까요."

"뭐라고요? 하인을 굶기시겠다 그 말씀입니까?"

"그렇습니다."

호텔 주인은 영문을 모르겠다는 표정을 지으며 고개를 갸우뚱했다. 그리고 그 사실을 하인에게 전했다.

호텔 주인에게서 그 말을 전해 들은 하인은 부리나케 주인에게 달려왔다.

"주인님, 왜 저의 아침식사를 주문하시지 않으셨습니까? 주인님을 모시고 다니려면 저도 든든하게 식사를 해야만 하지 않겠습니까?"

하인은 금세 울듯한 표정을 하고 애처롭게 말했다. 그것을 유심히 지켜본 문필가는,

"이 사람아, 자네처럼 똑똑한 사람이 왜 괜한 음식을 축내려 하는가? 아침을 먹고 나들이를 나가면 어차피 배가 고파질 것이 아닌가. 내가 구두를 닦아 신고 나들이를 나가면 구두가 더러워지는 것처럼 말일세. 그러니 식사비를 절약할 겸 굶으라고 굶어!"

하고 말한 다음 혼자서만 밥을 먹었다.

하인은 그제서야 비로소 구두를 닦아놓지 않고 서툰 꾀를 부렸던 것을 뉘우쳤다.

인간은 누구나 가끔 실수를 한다. 부당한 일을 하기도 하고 그밖에 한두 가지 죄를 범하면서 산다. 그러나 잘못과 죄는 가벼울 때 고치지 않으면 안 된다. 중환이 된 뒤에는 좋은 약을 써도 병을 고치지 못하듯, 마음의 병도 때를 놓쳐서는 안 된다.

타인의 명백한 잘못을 보고도 모른 척한다는 것은 옳지 않다. 그릇된 행위에 대해서는 준엄하게 질책하여 시정을

촉구해야 한다. 그렇다고 무턱대고 그 행위를 질타해서는 오히려 역효과를 내기 쉽다. 이때 뼈를 깎아내는 풍자가 백 마디의 질책보다 큰 효과를 발휘하는 것이다.

⑻ 성담(性談)

가장 손쉽게 남을 웃기고, 또 자기 자신도 크게 웃을 수 있는 웃음의 재료는 바로 성담이다. 에로틱한 성담은 인간의 본능에서 유래된 것이니만큼 해학문학에 있어 성담은 가장 중요한 위치를 차지하고 있다.

인간은 누구나 야누스적인 측면을 가지고 있다. 생각하는 것과 말하는 것이 다를 수 있으며, 말하는 것과 행동하는 것이 다를 수 있다. 말하자면 생각과 말과 행동이 제각각인 것이다.

사람들은 누구나 적어도 4가지의 자기를 가지고 있다.

① 겉으로 나타내고 있는 자기
② 상상하고 있는 자기
③ 다른 사람이 보는 자기
④ 실제의 자기

첫째는 외견상의 자기이다. 인간은 대인관계에서 자기의 제일 좋은 면을 앞에 내놓는다. 불유쾌하고 바람직하지 못한 기질을 숨기고, 유쾌하고 슬기로우며 매력있는 것으로써 자기를 표현하고자 노력한다.

나도 당신도 여기에서 예외일 수 없다. 일례로 여자문제에 있어서 나는 겉으로는 대체로 담백한 편이다. 문란한 생활을 하면서 추문을 뿌리는 사람들을 보거나 이야기를 들을 때 눈살을 찌푸리며 경멸한다.

둘째는 상상하고 있는 자기이다. 대부분의 사람들은 몽상가적인 기질을 가지고 있다. 상상 속에서 곧잘 자기의 찬란한 인생을 생각한다. 이런 것이 희망으로 작용하여 자기를 분발시키는 계기가 되기도 한다.

상상 속에서는 아리따운 여성(남성)과 뜨거운 연애를 하기도 한다. 맘껏 방탕에 빠지기도 하며 감히 넘볼 수 없는 남자(여자)까지도 함부로 건드린다. 겉으로 나타내고 있는 자기는 지극히 이성적인 표정을 하고 있지만, 상상 속의 자기는 한없이 혼란스럽다. 누가 알까 무서울 정도로 추한 구석이 많다.

셋째는 다른 사람이 보는 자기이다. 이 문제는 전적으로 다른 사람의 생각에 있으므로 여러 유형의 모습으로 나타날 것이다. 적절한 예가 되는지는 모르겠지만, 개를 두고 말한다면 고양이란 놈은 겁쟁이에다가 쫓겨다니기만 하는 대상으로 반영된다. 그러나 쥐란 놈한테는 두려움의 대상이다. 또한 다른 고양이에게는 유쾌한 친구이거나 경쟁상대일 수도 있다.

결혼 전에 필자를 죽자사자 따라다니는 아가씨가 있었는데, 내가 좋아하는 상대는 따로 있었다. 그러나 내가 좋아하는 그 아가씨는 나를 탐탁지 않게 여겼다. 이런 실례를 들자면 한없이 많다. 나를 좋아하는 친구가 있는 반면에 그저 그렇다고 하는 사람도 있고, 격하시키는 사람도 있다. 이런 것을 두고 볼 때 다른 사람이 보는 자기는 천차만별이다.

넷째는 실제의 자기를 말한다. 여기에서는 앞에서 말한 3가지의 자기를 포함한 복잡한 자기이다. 나는 슬플 때라도 웃을 때가 있다. 마음속으로는 노래를 부르고 싶도록 기쁜데도 겉으로는 침통한 표정을 짓기도 한다. 어느 여자를 환장하게 좋아하면서도 안 그런 척하기도 한다.

그러나 혼자 있을 때는 본능을 생각한다. 본능으로 되돌아오고 싶어한다. 이런 나에게 천하에 없는 위선자라고 돌을 던질 사람이 있을까?

사설이 길었다. 이렇듯 긴 사설을 늘어놓은 이유는 나도 당신도, 그리고 저쪽에서 안 그런 척하고 있는 당신도 인간으로서 솔직해지자는 이유에서이다. 위선의 옷을 잠시 벗어놓고 실제의 자기로 돌아가자는 말이다.

간혹 문화계의 어느 공연이나 작품이 예술인가 외설인가 하는 논쟁이 사회문제로 대두될 때가 있다. 영화나 연극을 보고 실로 뒷맛이 개운치 않은 작품이 예술로 분류되어 있기도 하고, 외설이라고 철퇴를 맞은 작품에서 예술성 및 치열한 작가정신을 발견한 경우도 적지 않다.

예나 지금이나 우리나라 대부분의 사람들은 도덕군자요, 요조숙녀요, 금욕주의자들이다. 성(性)을 추하게 여기고 말하거나 글로 쓰기를 꺼린다. 겉으로만 그렇다.

그러나 유심히 보면 모두들, 대단히 외람된 표현이지만, 뒷구멍으로 호박씨를 잘도 깐다. 안 그런 척하면서도 할 것은 다 하고, 들을 것은 다 듣고, 볼 것은 다 본다. 사실 아무리 고매한 성인, 철학자라 하더라도 성욕을 완전히 억제하지는 못한다. 다만 그것을 표현하는 방법이나 억제하는 형태가 달랐을 뿐이다.

148

인간이라면 누구나 상상하고 있는 자기는 온갖 욕망을 느끼기 마련이다. 그렇지만 욕망대로 행동할 수는 없다. 사회의 규범과 윤리도덕이 시퍼렇게 살아 있기 때문이다. 따라서 욕망을 억제하는 것이 좀더 높은 차원의 정신으로 승화되기도 한다.

도덕은 항상 인간에게 참기 힘든 욕망을 애써 참으라고 요구한다. 본능적인 충동을 억제하라고 가르친다. 도덕의 엄숙한 명령을 거역하지 않으려고 했던 사람들을 세상은 고결한 인간이라고 평가했고, 지금도 앞으로도 계속 그럴 것이다.

그러나 모든 인간이 도덕적으로 고를 수는 없다. 본능에 좀더 충실했던 사람들은 여러 가지 방법으로 본능을 표출해야만 했다. 그래서 그런 문제를 입에서 입으로 전하는 가운데 민요·판소리를 비롯한 패관문학(稗官文學)을 남겼고, 거기에는 적나라한 인간의 본능이 표출되어 있다.

민요를 보면 그 바탕에 질탕한 성(性)이 깔려 있는 경우가 많다.

나는 죽어 맷돌 밑짝이 되고요
너는 죽어 위짝이 되어라
어랑어랑 어랑 내 사랑아

청양(靑陽)지방의 민요이다.

이 민요에서 맷돌은 남녀의 성기, 맷돌질은 성행위를 상징하고 있다. 암수가 맞물려 돌아가는 그 광경을 상상하면 묘한 흥분을 느끼게 되는 것이 맷돌질이다.

　방아를 찧는 것도 은유적인 성행위로 표현된다. 쿵더쿵
쿵더쿵 방아를 찧는 모습을 보노라면 영락없는 성행위가 연
상되는 것이다. 밀양지방의 〈능실타령〉에는 본능의 표현이
자못 선정적이다.

　　이 산 저 산 도라지꽃은 봄바람에 난출난출
　　이 골 저 골 흐르는 물은 밤소리가 처량해라
　　이러쿵저러쿵 좋을시구 이러쿵저러쿵 좋을시구
　　응허어 응허어 허허야 더허야 능실능실
　　저 도령의 물명주 수건 처녀 손에 놀아나고
　　문경갑사 붉은 댕기 총각 손에 때묻는다.
　　이문산 절 저 중님아 새벽종은 치지 마라
　　내 품안에 노시던 님이 내 품안을 떠나신다.
　　양촌 마실 수탉놈들아 축시 될 줄 제 알면서
　　나의 심정 제 모르고서 사경 되면 울음 운다
　　삼대째 큰 청삽살개야 도둑 보고 짖지마는
　　어둔 밤에 날 찾아온 님 너만 알고 짖지 마라.

　이 민요 속에는 여인의 본능이 능동적으로 표현되어
있다. 이성이 그립고, 그 이성과의 달콤한 밤이 새는 것이
아쉬운 것이다. 하동지방에서 불려지던 〈사리랑타령〉은 본
능의 몸짓이 더욱 강렬하다.

　　인절미라 절편 끝에 장인 장모 팥밭 맨다
　　아리랑사리랑 등당실 노더 사리랑
　　요번에 가거들랑 장인 장모 보고 오소

150

참절은 못한들사 반절은 하고 오소
후와든다 후와든다 반절이나 하고 오소
짜른 삼대 쓰러지고 굵은 삼대 쓰러진다
우리 둘이 요러다가 아기 배면 어찌할고
어떤 총각 겁자로세 내 구멍에 약 들었네
염려 말고 염려 말고 자근자근 눌러도라.

외설에 가까운 민요이다. 혼인을 하지 않은 남녀가 삼대
밭에서 남몰래 섹스를 하고 있다. 성행위에는 항상 수태(受
胎)의 가능성이 함께하며, 부부간이 아닌 경우의 수태는 여
간 골치 아픈 문제가 아니다.

　민요 속의 남성은 수태를 두려워하고 있는 데 반하여 여
인은 남성의 분발을 촉구하고 있다. '내 구멍에 약 들었네'
라는 말은 피임약을 뜻하리라. 그 당시에 피임약이 있었을
턱이 없다. 그런데도 여인은 남성을 안심시켜 본능적인 관
능의 욕망을 충족시키고자 몸부림치고 있는 것이다.

　판소리에서는 더욱 노골적인 표현을 서슴지 않고 있다.
신재효(申在孝)의 〈변강쇠타령〉이 그 대표적인 경우에 속
한다. 여기에서는 남녀의 성기(性器) 묘사가 실로 리얼하다.
변강쇠가 옹녀의 샅(두 다리 사이)을 내려다보고 다음과 같
이 읊는다.

이상히도 생겼다. 맹랑히도 생겼다.
늙은 중의 입일는지 털은 돋고 입은 없다.
소나기를 맞았던지 언덕 깊게 파이었다.
콩밭 팥밭 지났던지 돔부꽃이 비치었다.

도끼날을 맞았던지 금 바르게 터져 있다.
생수처(生水處) 옥답인지 물이 항상 괴어 있다.
무슨 말을 하려관대 옴질옴질하고 있노.
천리행룡(千里行龍) 내려오다 주먹바위 신통하다.
만경창파 조갤런지 혀를 삐쭘 빼었으며,
임실(任實) 곶감 먹었던지 곶감씨가 장물이요,
만첩산중 으름인지 제라 절로 벌어졌다.
영계탕(軟鷄湯)을 먹었던지 닭의 벼슬 비치었다.
파명당(破明堂)을 하였던지 더운 김이 그저 난다.
제 무엇이 즐거워서 반쯤 웃어두었구나.
곶감 있고, 으름 있고, 조개 있고, 영계 있어
제사장은 걱정없다.

강쇠놈의 이 소리를 들은 옹녀도 맞장구를 친다. 강쇠놈
의 장대한 양물을 보고 흥겹게 읊조린다.

이상히도 생겼네. 맹랑히도 생겼네.
전배사령(前陪使令) 서려는지 쌍걸낭을 느직하게 달고,
오군문(五軍門) 군뢰던가 복덕이를 붉게 쓰고,
냇물가의 물방안지 떨구덩떨구덩 끄덕인다.
송아지 말뚝인지 털고삐를 둘렀구나.
감기를 얻었던지 맑은 코는 무슨 일꼬.
성정도 혹독하다, 화 곧 나면 눈물난다.
어린아이 병일는지 젖은 어찌 게웠으며,
제사에 쓴 숭어인지 꼬챙이 굶(구멍)이 그저 있다.
뒷절 큰방 노승인지 민대가리 둥글린다.

소년 인사 다 배웠다, 꼬박꼬박 절을 하네.
고추 찧던 절굿댄지 검붉기는 무슨 일꼬.
칠팔월 알밤인지 두 쪽 한데 붙어 있다.
물방아 절굿대며 쇠고삐 걸낭 있어 세간살이 걱정없네.

완숙한 남녀의 음부(陰部)를 더이상 세밀하고 리얼하게 관찰할 수는 없을 것이다.

이렇듯 성행위를 은유적으로 암시하거나 노골적으로 표현한 민요·판소리, 패관문학 등이 민중 속에 살아서 맥맥이 전승된 이유는 무엇일까?

그것은 인간 본능의 욕구충족에서 비롯된 것이리라. 본능보다는 윤리도덕에 지배되어 사는 대부분의 사람들도 불쑥불쑥 떠오르는 본능을 어찌할 수는 없다. 하지만 그 욕구의 전부를 실행으로 옮길 수는 없다. 대부분은 상상적 욕구로 끝내는데, 이때 기분상 쾌감을 맛볼 수 있는 대상이 에로틱한 영상이나 문학 등이다. 마치 스포츠의 골인장면이나 홈런을 보고 관중들이 후련함을 느끼는 것처럼 작품 속의 인물이 질탕하게 놀아나는 것에서 카타르시스를 느끼게 되는 것이다.

다음은 그 동안 필자가 재미있게 듣고 읽었던 성담을 시대에 맞도록 재구성했다.

양물(陽物)이 작은 남성들은 남 모르게 고민한다. 공중목욕탕에 가기를 꺼린다. 크고 굵은 다른 남성들과 비교하면 자신의 그것이 너무나 초라하게 느껴지기 때문이다.

어느 정신과 의사는 양물이 작거나 조루(早漏)하는 남성

중에 의처증 증세를 보이는 경우가 많다고 말했다. 자기의 남성과 성에 자신이 없기 때문에 아내를 의심하게 된다는 이야기이다.

다음은 양물이 작은 남성의 슬픔을 그린 해학이다.

옛날 어느 재상의 그것이 무척이나 작았다. 예닐곱 살짜리 어린아이의 그것과 비슷했다. 재상의 아내는 다른 남자의 양물을 본 적이 없었다. 때문에 남자들의 양물이 모두 남편의 그것처럼 작은 것으로만 알았다.

'좀 굵고 컸으면 좋을텐데…….'

재상의 아내는 아쉬움을 느끼면서도 스스로를 위안했다. 모든 사내들의 양물 크기가 엇비슷할 것이므로.

그러던 어느 날, 재상의 아내는 외출을 했다가 우연히, 꼭 누구의 것처럼 거대한 남성의 물건을 보았다. 어느 포졸이 구석진 장소에서 남몰래 소변을 보고 있는 것을 목격한 것이다.

"어머나, 어머나! 세상에 저런 물건도 있었단 말인가!"

재상의 아내는 절로 벌어진 입을 좀처럼 다물 수가 없었다. 자꾸만 그 물건이 눈앞에 아른거리며 남편의 그것과 비교가 되는 것이었다.

그날 밤 재상 부부는 운우지정을 나눴다. 아내의 입장에서 보면 싱겁기 그지없는 행위였다. 항상 옥문을 간지럽히는 듯하다가 문전만 더럽히고 끝내는 안타까운 방사였다.

"영감, 오늘 실로 가소로운 일을 보았습니다."

아내는 포졸의 거대한 양물을 떠올리며 부러운 마음에서 넌지시 말했다.

"가소로운 일? 대체 무슨 일을 보았소?"

"아녀자의 입으로 말하기에는 어려운 일입니다."

"아녀자가 말하기에 어려운 일? 그게 뭘까? 그러니까 더욱 궁금하구려."

재상은 알고 싶어 자꾸 채근한다. 아내는 마지못하여 작은 소리로 말한다.

"오늘 어느 포졸의 그것을 보았는데 정말 대단합디다. 당신 것의 한 열 배쯤……."

아내는 수줍게 그 말을 꺼내며 매우 부럽다는 표정을 숨기지 않았다.

'이크, 다른 사내의 양물을 보았구나. 이를 어쩐다?'

재상은 가슴이 철렁 내려앉는 것 같았지만 애써 침착을 가장하여 말했다.

"당신이 보았다는 그 포졸의 몸집이 건장하고 얼굴은 꺼무뎅뎅하면서 조금 우락부락하지요? 그리고 수염은 더부룩하고요."

포졸의 대부분은 그런 모양이었다.

"네, 맞아요. 당신이 아는 포졸인가요?"

아내의 말에 재상은 묘하게 웃었다.

"으흐흐흐……. 그 놈은 병에 걸린 거예요. 양물이 지나치게 커지는 병에 걸려 여태까지 홀아비로 살아가고 있는 불행한 사나이지요. 이 사실은 세상 사람들이 다 알고 있는 일입니다. 으흐흐……, 불행한 사나이, 암 불행한 사나이고말고!"

재상의 아내는 남편의 말을 곧이듣고 '그러면 그렇지' 하는 표정을 지으며 고개를 끄덕였다.

양물 콤플렉스가 있는 남성들은 아내가 다른 남성의 거대한 것을 알아서 좋을 리 없다. 그래서 각별하게 아내를 감시한다. 여자에게 비교할 기회를 주어서는 큰일이기 때문이다. 한번 관능에 눈을 뜬 여성은 새처럼 훨훨 날아가기 쉽다는 사실을 잘 알기 때문에…….

다음도 양물과 관계된 유머이다.

코가 꼭 주먹덩이 하나를 달아놓은 것 같은 사나이가 있었다. 그것에 반하여 결혼한 여자가 첫날밤을 지내고 신랑의 코를 톡톡 치며 이렇게 말했다.

"거짓말쟁이, 거짓말쟁이……."

다음도 역시 양물과 관계된 이야기다.

어느 작은 도시에 늘 문전성시를 이루는 양화점이 있었다. 실상 그 집 주인인 구두장이의 솜씨는 별로였다. 그런데 그의 아내는 아름답기 짝이 없었기 때문에 바람기 많은 건달들이 어찌어찌 해보려고 수도 없이 몰려드는 것이었다.

구두장이 아내에게 흑심을 품은 사나이 중에는 중국집 종업원 갑식이도 끼여 있었다. 갑식이는 제멋대로 생긴 얼굴에 주먹만한 코를 가진 추남 중의 추남이었기 때문에 우선 외모상으로도 어울리지 않았다. 그래서 구두장이 아내에게 접근하지도 못하고 가슴만 바짝바짝 태우고 있었다.

그런 갑식이가 목욕탕을 다녀온 어느 날부터 갑자기 활기가 넘쳤다. 목욕탕에서 우연히 보게 된 구두장이의 양물이 형편없이 작았기 때문이었다. 실상 갑식이의 그것도 주먹만한 코와는 달랐다. 비유해서 말하자면, 코를 보면 '그랜저'

156

로 평가하지만 실물은 '티코'였다는 얘기다.

'티코면 어떠랴. 남들이 그랜저로 보아주는 것이 중요하지.'

갑식이는 이렇게 생각하고 보무도 당당하게 양화점으로 갔다. 마침 구두장이는 가게에서 작업중인데 그의 아름다운 아내는 방에서 무엇인가를 하고 있었다.

갑식이는 방에까지 들리게 큰소리로 말했다.

"아저씨, 부탁이 있어서 왔어요."

"무슨 부탁인데?"

"실은 제 코가 터무니없이 큰 것처럼 그것도 터무니없이 커요. 배달을 하느라 걸을 때마다 그것이 다리에 걸리적거려 불편하기 짝이 없어요. 그래서 궁리 끝에 아저씨께 부탁하는 거예요."

구두장이는 호기심이 동하여 바싹 다가앉았다.

"그래, 무슨 부탁인지 빨리 말하게."

"그래서 드리는 말씀입니다만, 최고로 부드러운 가죽으로 주머니를 하나 만들어주세요. 그 주머니에 물건을 넣고 끈을 해서 허리에 걸고 다니면 어떨까 해서입니다."

"옳거니! 그것 참 괜찮은 생각이네. 난 평생 처음 만들어 보는 것이지만, 최고로 부드러운 가죽으로 예쁘게 지어 주겠네. 어느 그 물건을 좀 재세."

방에서 바느질을 하던 구두장이의 아내는 무한한 흥미를 가지고 밖에서 들리는 소리에 귀를 기울이고 있었다.

"여기서 부끄러워 어떻게 잽니까? 제가 집에서 재어 보았는데, 몸은 둥글기가 두어 주먹쯤 되고 길이는 반 자 가량입니다."

"그렇다면 말의 물건과 다름없겠네그려."

"그렇다고 할 수 있지요."

"아아, 자넨 참으로 훌륭한 물건을 가졌네그려."

밤낮 물건이 작다고 마누라로부터 불평을 듣던 구두장이는 갑식이가 진심으로 부러웠다. 구두장이의 그런 표정을 살피고 있던 갑식이는 호탕하게 허풍을 떨었다.

"무어 그쯤 가지고 그러십니까. 그 일을 할 때는 정말로 놀랄 정도로 커지는데요. 하하하…….."

구두장이의 아내는 이 말을 듣고 가슴이 벌렁거렸다. 갑식이와 한번 자보았으면 소원이 없겠다고 생각했다.

그로부터 며칠이 지난 어느 날, 갑식이가 보니 구두장이가 재료를 사러 서울로 떠나는 것이 아닌가.

'옳지, 기회는 이때다!'

갑식이는 밤이 이슥하여 양화점으로 갔는데, 생각대로 그 아내의 얼굴에 반기는 빛이 역력했다.

"아저씨는 어디 가셨습니까?"

"재료를 사러 서울 가셨어요. 아마 내일 저녁때나 되어서야 오실 거예요."

"아하, 그렇습니까? 사실 제가 며칠 전에 무슨 물건 하나를 주문했습니다. 이미 돈은 지불했는데…….."

"네 알아요. 다 만들어서 방에 있는 다락 속에 넣어두었어요. 어서 방으로 들어오세요."

구두장이 아내가 눈으로 추파를 던지며 갑식이를 끌어들였다. 이리하여 갑식이는 오랫동안 그리던 회포를 풀게 되었다.

일이 끝난 후 실망한 것은 여자였다. 너무도 장대하여 주

머니 속에 넣어 매달고 다녀야 된다던 갑식이의 물건이 어
찌 된 셈인지 제 남편처럼 형편없이 작았던 것이다.

여자는 그제서야 갑식이의 계책에 속은 것을 알았다. 그
러나 어쩌랴! 이미 버린 몸, 쏘아버린 화살, 엎질러진 물이
아니던가.

구두장이 아내는 가려운 데를 긁다 만 듯한 기분에 울적
했다. 잔뜩 기대를 했다가 문전만 더럽히고 말았으니 그럴
만도 했다.

다음날 저녁 양화점에서 자장면을 주문하여 갑식이가 배
달을 왔다.

"어제 내가 없을 때 와서 주머니를 가져갔더군그래? 어
때, 잘 맞던가?"

"예, 좀 작은 듯하지만 그런대로 쓸 만합니다."

이 말에 구두장이 아내가 입을 비쭉였다.

'나 원 참 기막혀. 그 주머니 안에 네까짓 놈의 물건이라
면 백 개를 넣고도 남겠다.'

"남자의 코가 크면 그것도 크다."
"여자의 입이 크면 그것도 크다."

남자는 코, 여자는 입의 크기가 성기와 비례한다는 말이
옛부터 전하고 있다. 아마 그 생김새가 비슷하다는 이유 때
문에 유래된 말 같은데, 필자의 관찰로 비춰보아서는 허무
맹랑한 속설이 분명한 것 같다. 위의 이야기는 여자들 사이
에서 언제부터인가 진리로 통용되는 코와 성기의 상관관계
에 관한 속설을 어리석은 여자의 행동을 빌려 뒤집으려 애
쓰는 몸부림이 엿보인다.

왕조시대에는 '패관(稗官)'이라는 명칭의 벼슬아치가 있었다. 임금이 민간의 풍속이나 정사(政事)를 살피기 위하여 가설항담(街說巷談)을 모아 기록시키던 벼슬아치를 패관이라고 했다.

패관들이 엮은 가설항담은 자연히 창의성이 가미되고 문장이 윤색(潤色)됨으로써 새로운 산문문학 형태로 발전하게 되었는데, 이것을 일컬어 패관문학이라고 한다. 패관소설·패사(稗史)·패사소설·패관기서·언패(諺稗) 등과 같은 뜻으로 쓰인다.

이러한 패관문학에 속하는 대표적인 작품으로는 서거정(徐居正)의 《태평한화골계전·太平閑話骨稽傳》, 강희맹(姜希孟)의 《촌담해이·村談解頤》, 유몽인(柳夢寅)의 《어우야담·於于野談》, 어숙권(魚叔權)의 《패관잡기·稗官雜記》 등을 들 수 있다.

이 책들의 공통적인 특징은 시(詩)에 대한 일화 및 일상생활과 대인관계에서 생긴 소화(笑話), 또는 전설·설화·골계(骨稽) 등의 내용을 담고 있는데, 책들마다 음담패설이 넘칠 듯이 그득하다.

남녀유별(男女有別), 남녀칠세부동석(男女七歲不同席)이라는 엄격한 유교윤리에 지배되어 살았던 왕조시대, 그것도 당당히 높은 벼슬까지 지낸 학자의 신분으로 이런 문집(文集)을 남겼다는 사실을 참으로 의미심장하다.

앞에서 밝힌 바와 같이 해학과 유머는 참으로 다양한 효용성을 갖는다. 적의(敵意)를 점잖게 표시하는 반항의 무기도 되고, 억압된 감정을 승화된 형식으로 표현하는 공격이기도 하고, 괴로움으로부터 도피하는 방법으로 활용되기도 한다.

해학문학에는 에스프리(esprit)가 있다. 인정의 기미를 묘사하는 것만으로 그치지 않고 교묘한 조롱을 더하여 풍자와 야유와 비평하는 가운데 웃음을 유발시킨다.

아무튼 선인(先人)들이 주고받던 이야기를 보고 있노라면 웃음이 절로 난다. 그 웃음은 아무런 의미가 없는 것이 아니다. 때로는 비꼬는 웃음이기도 하고, 때로는 천박하기도 하다. 또한 부도덕한 경우도 있고, 맘껏 배를 잡고 웃어도 좋은 유머인 경우도 있다. 온갖 사연과 감정이 버무려진 것이 인생이듯이 해학은 인간사의 모든 것을 포용한다.

부묵자(副墨子)라는 익명으로 쓴《파순록·破瞬錄》의 서문에 다음과 같은 글이 실려 있다.

"이 책을 보고 좋으면 생활의 법도로 삼고 나쁘면 자계(自戒)하는 거울로 삼으라. 경우에 따라서 스스로 경계한다면 비록 음담이나 야어(野語)라고 할지라도 나에게 있어서 어찌 해로운 것이겠는가."

이 말은 해학을 인식하고 이해하는 데 있어서 크게 참고할 말이 아닐 수 없다.

인간이라면 남성이든 여성이든 모두 경박한 감정은 있다. 그 경박한 감정 때문에 곧잘 불륜관계가 성립된다. 일부종사(一夫從事), 삼종지도(三從之道), 여필종부(女必從夫)를 최고의 여성 모랄로 삼았던 전통사회에서도 불륜을 피할 수는 없었던 모양이다. 패관문학에는 불륜을 소재로 한 이야기가 수두룩하다.

다음은 조선조 10대 기서(奇書)의 하나로 꼽히는《고금소총》에 있는 내용을 각색한 것이다.

그녀에게는 남편 외에도 숨겨둔 정부가 있었다.

남편이 출타한 어느 날 밤, 그녀는 정부를 몰래 끌어들여 쾌락을 누렸다. 뼈마디가 느슨해지도록 정사를 한 후에 두 사람은 피곤한 나머지 정신없이 잠에 취했다. 이때 강도가 이들이 자는 방으로 침입했다.

"얼씨구, 벌거벗은 채 얼싸안고 정신없이 자고 있네."

강도는 부아가 난다는 듯 코를 불면서 그들의 베개를 냅다 걷어찼다.

"냉큼 일어나지 못해 !"

그녀와 정부는 단꿈을 꾸다가 이것이 웬 청천벽력이나 싶어 기겁을 하며 일어났다. 처음에는 제 남편이 갑작스레 돌아온 것으로 알았는데, 눈앞에 시퍼런 칼을 들고 있는 강도를 보자 그만 사색이 되어 몸을 사시나무 떨듯 떨었다.

"소리치면 죽여버리겠어 !"

강도는 무섭게 으름장을 놓으며 정부에게 바싹 다가갔다.

"요놈, 너는 묶여 있어야겠어."

강도는 넥타이로 정부를 꽁꽁 묶었다. 그러고 나서 여자를 찬찬히 바라보았다. '있는 돈을 모조리 내놓아라 !' 하고 공갈을 할 셈이었지만, 여자의 허연 허벅지와 매끈한 알몸을 보자 생각이 달라졌다.

"고년 탱탱하군 ! 정말 탱탱해 !"

강도는 침을 꿀꺽 삼키고 나서 여자의 알몸을 다짜고짜로 끌어안았다.

"안 돼요 !"

여자는 처음에는 숨도 못 쉬리만큼 공포에 떨고 있었지만, 강도가 자기의 몸을 탐하는 것을 보고 적이 마음이 가라

앉으면서 한편으로 은근한 호기심이 치솟았다.

그래서 여자는 입으로는 싫다고 되풀이하면서도 다리에 힘을 빼고 무너지듯 쓰러지며 무방비 상태가 되었다. 이에 용기백배한 강도는 재빨리 바지를 벗고 팬티까지 벗었다. 그런 후 윗목에 윗도리만 입은 채 묶여 있는 정부의 머리에 냄새나는 팬티를 씌웠다.

"미안, 딱 한번만 할게."

이리하여 바야흐로 또 하나의 역사가 이루어질 순간이었다. 바로 그때였다. 현관문을 두드리는 소리가 요란하게 들렸다.

"여보, 문 열어!"

여자의 남편 목소리였다.

강도는 당황한 나머지 방바닥의 바지만을 주워들고 똥줄이 빠지게 뒷문으로 도망쳤다. 그 강도와 교대나 하듯 여자의 남편이 화가 잔뜩 난 얼굴로 들어왔다.

"이봐, 귀가 먹었어? 아무리 불러도 기척이 없길래 담을 넘어 들어온 거야."

남편은 그렇게 아내를 꾸짖다가 팬티를 머리에 뒤집어쓰고 윗도리만 걸친 채로 묶여 있는 사나이를 발견했다.

"누구야, 저놈은?"

아내는 대답이 궁해서 입만 벙긋거리다가 자기도 모르게 이렇게 말했다.

"강도예요."

"뭣? 강도라니!"

"예, 글쎄 저놈의 강도가 내게 덤벼들지 않겠어요. 그래서 본때를 보여 이렇게 묶어버렸어요."

"흐음, 굉장한 실력인데그래! 그리고 대갈통에 팬티를 씌워놓은 것은 썩 재미있는 발상이야."

남편은 이렇게 말하면서 팬티 쓴 사나이의 머리통을 세차게 쥐어박은 후,

"빨리 전화를 걸어. 경찰에 알려야겠어."

하면서 수화기를 들려고 했다. 이때 여자가 간드러진 목소리로 남편을 불렀다.

"여보……."

"왜?"

"어쩐지 저 강도가 불쌍해지네요. 남자도 없는 집에 침입한 절호의 기회에 연약한 여자에게 묶였으니 말예요. 저 강도의 입장에서는 정말 분할 거예요. 그렇죠?"

"그렇겠지. 멍청한 놈, 여자에게 붙잡힐 놈이 강도짓을 해!"

"우린 아무런 피해도 입지 않았으니 그냥 풀어줍시다요."

남편은 내심 불만이었으나 아내의 말을 따라 사나이를 밖으로 내보냈다.

그런 후에 부부는 잠자리에 들었다. 한바탕 소란이 있은 직후라서 그런지 몰라도 격렬한 사랑을 나눴다. 일을 끝내고 나서 마침내 남편은 두 개의 남자 팬티를 발견했다. 하나는 자신의 것이었지만 다른 하나는 처음 보는 타인의 것이었다.

"이것 누구 팬티야? 웬놈의 남자 팬티가 이불 속에 있어?"

남편은 의심스럽다는 듯이 아내를 노려보았다. 그러나 아내는 시치미를 딱 떼고 말했다.

164

"아마도 아까 그 강도의 것이겠지요."

"그 강도는 머리에 팬티를 쓴 채로 나갔잖아!"

"아마 그 강도놈이 바지가 없어서 팬티를 바지 대신에 껴입고 있었던 모양이죠."

"……?"

부정한 여자의 교활한 임기응변과 남자의 어리석음을 대비시켜 만들어낸 풍자성 유머이다. 이야기 속에 등장하는 여성처럼, 실제로도 불륜에 빠진 여성은 뻔뻔스럽고 교활하기 짝이 없어진다고 한다. 불륜이 탄로나기 전까지는 그것을 숨기기 위해 온갖 술수를 다 부리지만, 막상 그것이 탄로나면 철판보다 더 두꺼운 얼굴과 토치카 심장을 가지게 되는 것이 보편적인 여성의 공통점이라는 것이다.

세상이 변해도 너무 많이 변했다. 눈부신 경제성장만큼이나 도덕도 변하고 사람들의 의식도 많이 변했다. 특히 성(性) 문제에 있어서 전통적 가치관은 이미 전설이 되어버린지 오래이고, 여성들의 커진 목소리와 함께 유부녀들의 외도가 굉장히 많이 늘었다.

섹스 횟수가 적다고 이혼당하는 남편들이 생겨나더니 '간 큰 남자 시리즈'가 유행하고 있다. 마누라를 똑바로 쳐다보거나, 마누라에게 말대답을 하거나, 마누라의 외출 이유를 묻는 남자는 간 큰 남자라는 것이다.

모든 유행어는 시대상을 정직하게 반영한다. '간 큰 남자 시리즈'가 유행한 이면에는 비참하면서도 고달픈 한국 남자의 비극이 강하게 숨겨져 있다. 엄청나게 커진 여권(女權)에 짓눌려 신음하며 살아가는 허약한 남성들이 그만큼 많다는 이야기이다. 미상불 남자들이 돈 벌어 고스란히 아내에게 갖다 바치면서도 아내의 눈치를 살피는 나라는 지구상에 몇 나라 안 된다.

최근에 어느 제비족이 쓴 자전소설의 내용은 사뭇 충격적이다. 그는 제비생활 20여 년 동안 1000여 명에 달하는 여성들을 유혹하여 놀아났다. 그의 말에 따르면, 카바라에 출입하는 제비는 3류 제비라고 한다. 그는 거리나 백화점 등에서 매혹적이거나 부유층 여성만을 전문적으로 유혹했는데, 표적이 된 여성들은 어김없이 그의 유혹에 걸려들어 기꺼이 몸과 돈을 제공했다고 한다.

"세상의 모든 여자가 불륜을 저지른다 해도 내 아내만은 그렇지 않다."

대다수의 남편들은 이렇게 철석같이 믿고 살지만, 믿는 도끼에 발등을 찍히고 사는 남편족들이 일일이 열거할 수 없을 정도로 수두룩하다는 것이다.

그의 고백을 들으면 세상에 믿을 여자는 아무도 없으며, 여자는 한번쯤 의심할 필요가 있다는 생각이 절로 들 정도이다.

남성이고 여성이고간에 배우자의 불륜을 알고서 기분이 좋을 사람은 아무도 없다. 가급적이면 모르는 것이 약이다. 그것을 알게 되면 피차가 지옥의 생활을 각오해야 한다. 그래서 프랑스에는 다음과 같은 속담이 전하고 있다.

"아내의 불륜을 발견하는 남편은 운이 좋다. 불륜을 발견하지 못하는 남편은 더 운이 좋다."

다음 이야기도 불륜과 관계되는 블랙유머이다.

영필이의 아내 옥숙이가 요즘 수상하다. 눈에 띄게 멋을 내며 외출이 잦은 것에서부터 말투나 행동의 이모저모가 꼭 바람난 암캐 같다.

영필이는 아내의 행실에 의심을 품고 마침내 흥신소에 부탁하여 아내의 뒤를 따르게 했다. 그로부터 3일이 지난 후 보고가 왔다.

"부인께서는 당신이 출근하자 한 시간쯤 후에 외출을 했습니다. 그리고 택시를 타고 신촌로터리에 가서 내렸습니다. 그곳에는 미리 약속이 되어 있었던 모양으로 키가 훤칠한 미남이 반갑게 부인을 맞이하더군요."

"그게 누굽니까?"

영필이는 그만 아무것도 생각할 겨를이 없이 다그쳤다.

"글쎄 들어보십시오. 그리고 두 사람은 서로 팔을 끼고 다정한 연인들처럼 골목길을 걷더니 어느 여관으로 나란히 들어가더군요."

"그래서 어떻게 됐습니까?"

영필이는 사뭇 얼어터진 사람 모양 씨근거리며 물었다. 흥신소 직원은 냉정히 말을 계속했다.

"부인께서 대실료를 지불했습니다. 그런 후 2층 방으로 함께 들어갔습니다."

"그래서……?"

영필이는 신음하듯 물었다.

"방문이 닫혀버렸으므로 열쇠구멍으로는 더이상 일의 진전을 살펴볼 수가 없었습니다."

이 말에 영필이는 이마의 땀을 씻으며 후유하고 한숨을 내뿜으며 이렇게 중얼거렸다.

"으음, 그리고 보니 아직 확증을 잡지 못한 셈이군! 아직
은⋯⋯."

우리 나라의 전통 사회에서는 조혼(早婚) 풍조가 일반적이
었다. 역사적인 측면에서 고려 말기 원(元)나라가 고려에 부
녀자를 요구했던 이유로 조혼이 성행한 것이다.

그런데 조선시대에 들어와서도 이 풍속이 계속되었다. 그
이유로는 아들을 가진 집에서는 며느리를 맞아들임으로써
일손을 늘리고자 했고, 딸을 가진 가난한 집안에서는 부양
가족수를 줄이고자 했던 이해관계가 맞아떨어진 것이다. 여
기에 자손을 빨리 보고자 하는 심리적 욕구가 작용하여 조
혼풍습을 심화시킨 것이리라.

우리나라 조혼풍습의 특색은 신랑의 나이가 신부보다 한
참 어렸다는 점에 있다. 신부를 피어나기 시작한 꽃에 비유
한다면 신랑은 이제 갓 꽃봉오리가 맺힌 것이다. 신부는 남
자를 그리워할 때가 되었는데 신랑은 아무것도 모르는 철부
지이니 신부의 속이 탈밖에.

이런 걸맞지 않은 결합으로 인하여 생겨난 이야기가 해학
과 민담 속에 많이 등장한다. 그리고 해학과 민담은 성교육
을 담당하는 역할을 톡톡히 했다. 옛날의 혼기를 앞둔 처녀
들은 어머니나 유모, 여종들로부터 은밀하면서도 자세하게
성교육을 받았다. 단순한 성행위 방법뿐 아니라 남자에게
즐거움을 주는 비법도 전수했다. 그것을 이야기 형식으로
꾸며보면 다음과 같다.

늙은 유모가 혼인날을 정한 처녀에게 은밀히 말한다.

"아가씨, 혼인한 남자들이 아내가 있는데도 불구하고 난

봉을 피우는 이유를 아십니까?"

"몰라요."

처녀는 눈을 동그랗게 뜨고 고개를 흔든다.

"가장 중요한 이유는 색시의 방중술(房中術)이 서툴기 때문이랍니다."

"방중술이라니요?"

"방사(房事)의 방법과 기술을 말하는 것이지요."

"그런 것에도 기술이 필요하나요?"

"그럼요, 매우 중요합니다. 가장 비근한 예로 음식을 놓고 생각해 보세요. 똑같은 재료로 음식을 만들더라도 만드는 사람에 따라 그 맛이 판이하게 다르지요?"

"네, 그건 그렇지만……."

"방사도 그것과 크게 다를 바가 없습니다."

유모는 누가 들을까 무섭다는 표정을 지으며 목소리를 더욱 낮춘다.

"아가씨, 저를 따라서 해보세요. 저처럼 이렇게 손을 꼭 오므려 쥐고 항문을 꽉 조여보세요."

유모의 행동을 처녀가 따라 한다.

"어떻습니까? 옥문(玉門)이 꽉 조여지는 느낌이 들지요?"

"그렇군요. 항문을 죄니 옥문도 조여지는군요."

"아가씨, 틈틈이 그 운동을 계속하시는 것을 잊어서는 안 돼요."

"왜요?"

처녀는 호기심 어린 목소리로 반문하며 눈을 빛낸다.

"방중술의 기본을 말할 테니 새겨들으세요. 남자의 그것이 들어오면 먼저 문을 활짝 열어 들어오기 쉽게 하고, 반쯤 들어왔을 때 옥문을 꽉 조여 압박감을 느끼게 해야 합니다. 그리고 완전히 들어왔을 때는 다시 늦추었다가 밖으로 나갈 때는 다시 조여 빠져나가지 않게 해야 합니다. 그러면서 엉덩이를 기술적으로 이리저리 움직이면 남자의 쾌감이 커짐과 동시에 여자도 쾌미를 느낄 수 있는 것이지요. 그런 이유 때문에 항문 조이는 연습을 하라는 것입니다."

"아하, 이제 알겠어요. 항문을 조이면 덩달아 질이 조여지니까 남자의 양물에 압박을 줄 수 있다는 말이지요?"

"호호호……, 그렇습니다."

유모는 성교의 체위 등도 상세히 가르침과 아울러 신랑이 복상사(服上死)의 징후를 보일 때 응급처치를 하는 요령도 시범으로 보인다.

예전에는 방사 도중에 복상사가 잦았었다. 대가족제도의 가옥구조 탓이었다. 방음장치가 잘 안 된 가옥에 많은 사람이 함께 살고 있으니, 은밀한 부부관계가 더욱 조심스러울 수밖에 없었다. 방사의 쾌락에서 절로 터지는 신음을 필사적으로 억제하며 몸부림을 가누어야 했다. 또 부모가 정해 준 합궁이 아닌 날 욕정이 동했을 때는 실로 난처했다. 남편은 부모가 잠들기를 기다렸다가 마치 간첩이 접선하는 것처럼 살금살금 조심스럽게 아내의 방으로 숨어들었다. 그러면 아내는 못 이기는 척하며 남편의 요구에 응한다.

부모 몰래 방사를 하다 보니 신랑이나 신부나를 막론하고 잔뜩 긴장할 수밖에 없었다. 그래서 부스럭거리는 소리에 놀라서 복상사하는 경우도 있었다. 이때 남편의 복상사를 예방하는 것이 첨(尖)이다. 첨은 평소에 부인의 머리에 꽂는

10센티미터 가량의 예리한 핀인데, 주로 금이나 은으로 만들어 국화·석류·나비 등을 새겨 머리에 꽂고 살았다.

　복상사 징후가 있을 때 부인은 이 첨으로 남편의 뒤통수를 찔러 피가 나오게 함으로써 위기에서 구했다. 대체로 첨은 어머니가 딸에게 주면서 그 사용법을 상세히 전수했다. 말하자면 딸이 과부가 되는 것을 예방하는 도구가 바로 첨이었던 것이다.

　시집가는 딸에게 은밀히 대를 물리는 것이 또 있다. 그것은 놀랍게도 에로틱하기 짝이 없는 춘화도(春畫圖)이다. 남녀가 성교하는 여러 가지 광경을 그린 이 춘화도를 물려주면서 남편의 사랑을 독차지하기를 기원했다.

　이처럼 성교육에 열심이었던 이유는 쉽게 짐작할 수 있다. 전통사회의 남성은 비교적 여성과 접촉할 기회가 많았다. 첩을 둘 수도 있었으며 여종을 건드릴 수도 있었다. 또한 기생의 능숙한 리드에 쾌락의 극치를 맛볼 수 있었다.

　여러 명의 여성을 접촉할 수 있었던 남성은 여자를 비교할 수 있었다. 어느 여자가 밤을 황홀하게 만들어주는가를 알게 된다. 남편이 상관하는 다른 여자(첩·여종·기생 등)보다 기교가 떨어지는 아내는 독수공방을 면할 수 없게 된다. 그래서 다른 여자들에게 그 기교에서 뒤지지 않기 위하여 피나는 경쟁을 했던 것이다.

　어쨌든 전통사회의 성교육은 은밀하면서도 철저했다. 말하기 힘든 성교육을 해학과 민담을 통하여 넌지시 교육시키는 슬기로움을 발휘했다.

　다음은 성교육용 해학 중에서 발췌한 내용이다.

어느 시골 사람이 매우 아름다운 며느리를 얻었다. 조혼 풍습에 따라 신랑은 나이가 어리다. 이에 반하여 신부는 나올 곳은 나오고 들어갈 곳은 들어간, 말하자면 물이 오를 대로 오른 처녀다.

신부는 어머니로부터 성교육을 철저히 받았다. 고된 시집살이에서 유일한 낙이 밤에 있다는 사실도 알게 되었다. 두려움 반 기대 반으로 기다리는 첫날밤을 맞이했다. 철부지 신랑은 아무것도 모르고 쿨쿨 잠만 잔다.

"어휴, 저런 꼬맹이가 내 신랑이란 말인가!"

신부는 실망으로 한숨이 절로 터진다. 안타까운 마음에서 살며시 꼬마신랑의 바지춤을 풀고 그곳을 살핀다.

"에개개, 오무라든 번데기처럼 생긴 요깐 것이 양물(陽物)이란 말인가? 이게 어느 세월에 크나!"

신부는 하릴없이 신랑의 고추를 만지작거리며 막막한 세월을 헤아린다. 신랑의 고추가 여물 날이 언제인가를. 그러다가 자기의 옥문을 그 고추에 살짝 대어보기도 한다.

혼인잔치를 마치고 친정으로 갔다가 시댁으로 돌아오게 되었다. 관례에 따라 사돈이 따라오고 친척이랑 이웃을 청하여 잔치가 벌어졌다.

이때 신부를 본 꼬마신랑이 화들짝 놀라며,

"저 계집애가 왜 우리집에 왔어? 나를 죽이려고 했단 말이야! 일전에 저 팔로 나를 눕히더니 꽉 끌어안고 다리로 나를 끼고 무겁게 내리누르더니 제 오줌 누는 구멍을 내 고추에 대고 밤새껏 문질렀단 말이야. 그리고 나의 배 위에 타기도 하고, 이상한 소리를 내며 지랄발광을 하면서 나를 못살게 하더니 왜 또 왔어? 나를 잡아가서 또 그렇게 하려

172

고? 싫어, 무서워서 난 싫어!"
하고는 어디론가 줄행랑을 친다.

신부의 얼굴은 홍당무가 되고 사돈의 얼굴은 민망하여 어쩔 줄 몰라한다. 좌중의 사람들은 사돈과 신부의 체면을 생각하여 못 들은 척하고 있지만 웃음을 참느라 애쓰는 표정이 역력하다.

혼인을 앞둔 꼬마들은 사랑방에서 이웃 아저씨나 삼촌으로부터 이러한 이야기를 들으면서 은연중에 성을 깨우치게 된다.

성은 결코 부끄러운 것이 아니다. 쉬쉬하며 숨기는 것이 능사가 아니다. 숨김으로 인하여 아이들은 더욱 호기심을 갖게 되고, 그 호기심이 증폭될 때 비정상적인 방법으로 성을 깨우치게 되는 경우가 많다. 그러기에 해학과 어우러진 성교육 지침서는 필요한 것이다. 원초적 본능에 관한 지혜와 상식을 괜히 눈살 찌푸리며 보는 위선을 탈피해야 한다.

성은 중요하면서도 즐거운 것이라는 인식을 심어주어야 한다. 고귀한 인간의 생명을 탄생시키는 숭고한 행위가 성교이며, 그 행위에서 느끼게 되는 즐거움이 인간 발전과 성장의 원동력이 된다는 점을 숨겨서는 안 된다.

소위 프리섹스 시대라고 일컫는 오늘날은 성이 개방적이다. 남녀가 부둥켜안고 섹스하는 장면은 영상매체나 간행물 속에서 어렵지 않게 보고 듣고 읽을 수 있다. 그럼에도 불구하고 성에 대한 지식이나 상식은 그리 폭넓지 않다는 것이 문제이다. 성문화의 홍수 속에 내실있는 성교육은 실종되었기 때문이다.

성을 단지 쾌락적인 것으로만 인식함으로써 파생되는 문

제는 실로 심각하다. 우리 사회의 어두운 구석에 미혼모의 비극이 있고 사생아의 슬픔이 있다. 문란한 성문제로 인하여 망가진 가정의 행복은 수두룩하다.

인간이라면 누구나 성을 향유해야 할 권리가 있는 반면에 지켜야 할 모랄이 있다. 어디까지나 인간의 성은 건전해야 하고 순수해야 한다. 책임과 의무를 준수하면서도 뜨거워야 한다. 내가 어떤 여자나 혹은 남자를 좋아한다고 해서 남의 영역을 침범해서는 안 된다. 타인의 행복을 깨뜨려서도 안 된다. 그러므로 가정을 가진 남자나 여자를 유혹하는 행위는 부도덕하다. 사랑이 없으면서 쾌락만을 추구하는 관계도 인간적이 아니다.

인간의 본능인 성을 자연스럽게 알고, 즐겁게 향유할 수 있는 지혜와 슬기를 배우고 가르치는 것이 실로 중요한 일이다.

효과적인 화술과 인간관계

*

세상을 지혜롭게 살아가려면
바보처럼 보이면서도 실제로는 현명해야 한다.
인간관계에서 바보작전은 매우 주효하다.
약간은 어리석은 듯한 말이나 행동이
사람을 편안하게 만들고
웃음의 씨앗으로 작용한다.

■ 잠시 웃게 하는 농담 몇 마디

앵무새 이야기

한 사나이가 아들을 데리고 동물원에 갔다. 새장 속에서 앵무새가 계속 키이키이 소리를 내고 있었다.

"안녕!"

앵무새가 인사를 했다. 그것을 무척이나 신기하게 생각한 아들이 아버지를 졸랐다.

"아빠, 저 앵무새 사줘!"

아들은 졸라대며 그곳을 떠나려고 하지 않았다. 아들의 성화에 견디다 못한 아버지는 관리인에게 살 수 있는 것인지 물었다. 관리인은 손을 저으며 말했다.

"그건 안 될 말씀입니다. 저 앵무새는 동물원의 소중한 재산입니다. 그러나 앵무새의 알이라면 두 개 드릴 수 있습니다. 집에 가지고 가서서 암탉에게 안기면 곧 두 마리의 앵무새를 얻게 될 것입니다."

사나이는 소중히 그 알을 집으로 가지고 와서 암탉에게 품게 하였다. 얼마 후에 껍질이 깨지고 까마귀와 올빼미 새끼가 한 마리씩 나왔다.

그후 사나이가 다시 동물원에 갔을 때 앵무새가,

"안녕!"

하고 인사를 했다. 사나이는 화가 나서 이렇게 소리쳤다.

"아는 척하지 마! 이 난봉꾼 앵무새야!"

도 박

한 여자가 동물원 관리인에게 씩씩거리며 달려왔다.

"빨리 원숭이 우리로 가보세요!"

그 여자가 소리쳤다.

"원숭이 네 마리가 탁자에 앉아 카드놀이를 하고 있어요!"

"그게 어떻다는 겁니까?"

관리인이 어깨를 으쓱하며 대꾸했다.

"겨우 땅콩내기를 하는 것뿐인데."

장군 멍군

어느 작은 도시의 의사가 그의 환자들로부터 진료비를 받는 데 어려움이 없게 하기 위해 병원 앞에 다음과 같은 안내문을 써붙였다.

"초진은 1만 원. 그 다음부터는 5천 원."

어느 날 한 낯선 사람이 병원 앞에 와서는 안내문을 유심

히 들여다보다가 의미심장하게 웃었다. 그는 의젓하게 진료
실로 들어갔다.

"선생님, 또 왔습니다. 오늘이 세번째로군요."

의사는 환자를 주의깊게 진찰하더니 말했다.

"네, 아주 좋아졌습니다. 같은 처방을 계속하세요. 요금
은 5천 원입니다."

기 도

교회를 열심히 다니는 아이가 기도하고 있었다.

"그리고 제발 주여!"

아이는 더욱 간절하게 말했다.

"부산을 우리나라의 수도로 만들어주옵소서."

"얘야, 그게 무슨 소리냐?"

엄마가 묻자 아이는 눈을 끔벅거리며 대답했다.

"제가 시험지에다 그렇게 써넣었단 말예요."

겁주기

신문을 읽던 남편이 가위로 어느 부분을 도려냈다. 그것
을 본 아내가 물었다.

"당신 신문에서 뭘 도려냈어요?"

"마누라가 늘 호주머니를 뒤지기 때문에 이혼소송을 내서
허락판결을 받은 남자의 기사야."

아내가 다소 누그러진 목소리로 물었다.

"그런데 그걸 가지고 뭘 하시려구요?"

"내 호주머니에 넣어두려구."

냉 전

어떤 남자가 공중전화 부스 밖에서 30분이나 기다리고 있었다. 부스 안에는 말끔한 신사가 20분이나 한마디도 하지 않고 수화기를 귀에 댄 채로 있었다.

공중전화 부스 밖의 남자는 더이상 참을 수가 없어 문을 열고 말했다.

"여보시오, 상대편이 나오지 않을 것 같으면 뒤에 기다리는 사람에게 양보를 하시는 것이 좋지 않겠어요?"

이 말에 공중전화 부스 안의 남자가 대답했다.

"죄송하지만 지금 통화중입니다. 저는 지금 마누라와 냉전을 하고 있는 겁니다."

명 답

배우자 중매컴퓨터 앞에서 한 사나이가 원하는 배우자형을 다음과 같이 써넣었다.

"키가 커야 함. 각선미가 좋아야 함. 미인이어야 함. 재산이 많아야 함."

잠시 후 컴퓨터에서 해당란에 답하라는 설문이 나왔다.

"당신은 키가 큰가? 체격이 우람한가? 미남인가? 머리가 좋은가? 재산이 많은가?"

사나이는 주저하다가 모두 '아니오'라고 써넣었다.

컴퓨터는 즉시 다음과 같은 답을 내놓았다.
"미쳤군!"

제3장

1. 행복한 가정을 만드는 비결

1) 웃음 속에 행복이 있다

어느 승려가 길을 가고 있는데 웬 깡패가 길을 가로막고
물었다.

"스님, 극락과 지옥이 있다는데, 그게 사실이오?"

"예, 그렇습니다."

스님의 말에 깡패는 냉소적으로 이죽거리며,

"그럼 극락과 지옥은 어디에 있소?"

라고 물었다. 그러자 승려는 차분한 음성으로,

"극락과 지옥은 지금의 당신과 나 사이에는 없습니다."

라고 대답했다. 그 대답에 깡패는 승려를 땡초라고 비난하
며 불끈 쥔 커다란 주먹을 들어올려 승려를 내리쳤다.

이때 승려가 깡패의 주먹을 막으며 말했다.

"바로 지금이 지옥이오."

그러자 깡패는 기가 찬다는 듯이 웃음보를 터뜨렸다.

그 순간 승려가 다시 말했다.
"지금이 바로 극락이오."

세상에 웃음과 사랑이 있는 곳이 바로 극락이다. 반면에 미움과 다툼이 있는 곳은 지옥이다. 어리석은 사람은 극락이 멀리 있다고만 생각한다. 그러나 슬기로운 사람은 일상에서 극락을 만든다.

인생의 의의는 행복 추구에 있다. 인간은 행복을 얻기 위하여 저마다 노력한다. 돈과 명예와 사랑 등 인간이 추구하는 모든 것은 행복을 위한 수단에 불과하다. 그리고 인간은 행복해지지 않는 한 불행하다. 이것은 누구나가 다 알고 있는 일이다.

그러나 "과연 행복이란 무엇이며, 행복이란 어떤 상태인가? 행복이란 어떻게 측정하는 것인가?" 하고 묻는다면 사람에 따라 그 대답은 다를 것이며, 대부분의 사람은 이와 같은 질문에 대답할 수 없을 것이다.

그것은 당연하다. 인간은 일생 동안 이 문제에 답(答)하기 위해서 살아가고 있는 것이다.

벨기에의 시인이며 극작가인 마테를링크의 동화극(童話劇) 《파랑새》를 보면 행복을 찾아봤지만 결국 그것은 멀리 있는 것이 아니요, 자기의 주변에 있다는 결론을 얻게 된다. 독일의 시인이며 소설가인 칼 부세도 마테를링크와 같은 결론을 내리고 있다. 산 너머 행복이 있는 줄 알고 그것을 찾아나섰다가 자기의 주변에 있다는 사실을 깨닫고 되돌아오는 것이다.

행복의 정체를 밝히려고 노력했던 많은 철학자·사상가·

문학가들은 약속이나 한 듯이 어리무던한 답을 내고 있다. 행복은 멀리 있는 것이 아니라 우리 주변에 있다는 것이다. 그런데도 사람들은 끝없이 행복을 갈구하며 장님 코끼리 더듬듯 하고 있는 것이다.

아닌게아니라 행복은 내가 속해 있는 곳에 있다. 나의 가정, 나의 일, 내가 만나는 인간관계에 내가 얻을 수 있는 모든 행복이 잠재해 있는 것이다.

독일 최대의 문호로 일컬어지는 괴테처럼 인생을 그 높이와 깊이에 있어서 고루 잘 아는 사람도 드물 것이다. 인생과 우주에 대하여 지칠 줄 모르는 정열가였던 괴테는 아주 단호하게 최고의 행복은 가정의 평화에 있다고 못박고 있다.

"왕이든 농부든 자신의 가정에서 평화를 발견한 사람이 가장 행복하다."

괴테의 이 말은 진리에 가깝다. 행복의 원천은 가정에 있다. 가정이 행복하지 못한 사람은 사회에서 어떠한 성공을 했더라도 진정한 행복을 느끼지 못한다. 왜냐하면 인간에게 있어서 가정은 태어나면서부터 없어서는 안 될 행복의 조건이기 때문이다.

그렇다면 행복한 가정의 비결은 무엇인가? 두말할 것도 없이 아끼고 사랑하는 마음이다. 가족이라는 강한 유대는 매일같이 이루어지는 생활을 통해 서로를 아껴주고 서로의 생명을 지켜주면서 희로애락을 나누는 것이다.

행복한 가정을 유지하는 것은 결코 말처럼 쉬운 일이 아니다. 가족 구성원 중 한 사람만 불유쾌한 감정에 사로잡히면 가족 전체가 불유쾌해진다. 그리고 남편이나 아내의 토라진 얼굴만큼 가정에 있어 독가스적 효과를 내는 것은 없다. 뾰로퉁하게 부어 있는 주부의 얼굴이나 남편의 화난 얼굴은 배우자와 자녀의 마음을 동시에 괴롭고 피곤하게 만들어버린다.

이렇듯 가정이란 집단은 나 하나로 인하여 행복과 불행의 파도를 타게 된다. 따라서 행복한 가정을 만드는 비결은 가정이라고 하는 전체 생활을 위해 가족의 구성원인 각자가 자기를 낮추고 다른 가족을 만족시키고자 얼마나 노력하느냐에 달려 있다.

2) 불행의 원인은 대화단절에 있다

가정생활의 쾌적은 가족이 서로 상대의 권리를 존중함으로써 얻을 수 있다. 자기만 자유롭게 행세하고, 그 영향이 다른 가족들에게 어떤 영향을 끼치는가를 생각지 않는 인간이 한 사람이라도 있다면 그 가정의 행복과 자유는 파괴되어버린다.

대체적으로 불행한 가정은 대화의 통로가 막혀 있다. 남편과 아내, 부모와 자녀 사이에 대화가 단절되어 서로가 따로따로 생각하고 행동한다. 이런 상태에서는 가족이 어떤 생각, 어떤 느낌을 갖고 있는지 알 수가 없다. 여기에서 불평불만이 쌓이게 되고 가족간의 갈등이 심화된다.

인간은 생각하는 동물이기 때문에 누구나 자기의 마음속에 품고 있는 것에 대하여 이야기하고 싶은 욕구를 지니고 있다. 다른 사람과 어울려 이야기하고, 웃고, 농담을 하고, 생각을 서로 나누고 싶은 것이다. 그런데 가장 중요하면서도 밀접한 가족간에 대화가 단절되어 지낸다는 것은 인간관

유(類)는 유(類)를 부른다.
사랑은 사랑을 부르고 미움은 미움을 부른다.

계의 기본이 무너진 것이라고 할 수 있다.

　모든 일에 있어서 기본은 중요하다. 기본이 제대로 되어
있지 않으면 사상누각(砂上樓閣)과 다름없다. 언제 무너져내
릴지 모를 만큼 위태위태한 것이다. 인간관계도 마찬가지
이다. 자신의 가족과 잘 지내지 못하는 사람이 타인과 원활
한 관계를 맺고 있다면 문제가 있다.

　페이스 투 페이스(face to face)의 관계, 즉 얼굴을 마주
대하는 관계를 평화롭게 유지시키기 위해서는 따뜻한 미소
를 머금고 있는 얼굴과 부드러운 대화가 절대 필요하다. 이
것이 없이는 결코 평화가 유지되지 못한다.

　물론 가정 내의 갈등이 없을 수는 없다. 부부 사이, 자녀
와 부모, 형제 사이에서 언제나 의견을 달리할 수 있다. 없
는 것이 오히려 비정상이라고 할 수 있다. 문제는 가족 상호
간의 다른 의견들을 어떻게 적절히 결정해 나가며, 결정된
내용을 각자가 어떻게 잘 받아들이느냐 하는 것이다.

합리적인 의사소통이 이루어지는 가정에선 각자가 충분히 의견을 말하게 하되 결정된 사항은 존중하고 따르는 양상을 보인다. 반면에 비정상적인 의사소통을 해온 가정에선 상대방의 의견을 존중해 주지도 않고 강요하고 배척해서 갈등이 형성되고 적개심이 쌓여간다.

가정 내 갈등이 상존하는 속에선 가족 상호간에 안정감을 가질 수 없다. 갈등을 해소하는 데 있어 솔직한 대화와 관심은 시작과 끝이 아닐 수 없다.

3) 행복을 원하거든 먼저 웃어라

이 세계에는 '유(類)를 따라 모인다', '유(類)는 유(類)를 부른다'는 법칙이 작용되고 있다. 이 진리는 여러 가지 속담에도 표현되고 있다. '웃는 문으로 복이 들어온다', '콩 심은 데 콩 나고 팥 심은 데 팥 난다.', '오는 말이 고와야 가는 말도 곱다' 등과 같은 속담이 그것인데, 이것을 한마디로 요약하면 '끼리끼리 모인다'이다.

이 법칙은 조금도 어김이 없다. 따라서 사람을 행복하게 해주려는 언행은 자기 자신을 행복하게 만든다. 사람을 불행하게 해주려는 언행은 자기 자신을 불행 속으로 떨어뜨린다. 왜냐하면, "유는 강력한 자석처럼 유를 부르기 때문이다."

사랑은 사랑을 부르고 미움은 미움을 부른다. 웃음은 웃음을 부르고 분노는 분노를 부른다. 신(神)을 마음속에 그리면 신이 나타나고 도깨비를 그리면 도깨비가 나타난다. 그런데 많은 사람들은 자기는 찡그린 얼굴을 하고 있으면서 상대방은 웃기를 바란다. 자기 마음의 삐뚤어짐을 그대로 방치한 채 상대방의 태도만을 나무란다.

그래서는 아무런 효과가 없다. 오히려 반감이 커질 뿐이다. 상대방이 당신에게 어떤 태도를 보여주었으면 좋겠다고 생각한다면 당신이 먼저 그런 태도를 상대방에게 보이라. 웃는 얼굴을 보고 싶다면 먼저 웃으라. 다정한 목소리를 듣고 싶다면 먼저 다정한 목소리로 말하라. 그러면 상대방도 어김없이 같은 반응을 보내오게 될 것이다.

4) 유머정신을 잃지 마라

꾸어다놓은 보릿자루처럼 말이 없는 사람이 있다. 한마디로 따분한 인간이다. 《탈무드》에 이런 말이 있다.

"따분한 사람이 방에서 나가면 누군가가 새로 들어온 것 같은 기분이 든다."

따분한 사람이란 어떤 사람을 말하는가?

고대의 라비들이 이 문제를 놓고 토론했다.

"말없는 사람이 따분하다."

"우스갯소리를 듣고도 웃지 못하는 자가 따분하다."

"자기의 전문지식을 끝없이 말하는 사람처럼 따분한 사람은 없다."

"잡담이 없는 사람은 따분하다."

"원리원칙만을 주장하는 사람은 따분하다."

라비들은 온갖 따분한 사람의 유형을 말했다. 그 말을 묵묵히 듣고 있던 가장 나이 많은 라비가 모든 말을 종합하여 결론을 내렸다.

"남을 따분하게 하는 사람이란 남의 관심을 끌지 못하는 사람을 말한다. 그들은 남이 어떻게 생각하고 있는지를 모른다. 설령 알고 있더라도 남의 생각을 무시한다. 또한 남의 기분을 알아차리려고도 하지 않아 남들과 맞출 수가 없는 자가 가장 따분한 사람이다."

따분한 사람이란 결코 교양이 없다든가 학문이 얕다든가 얼마만큼 박식하다든가 따위와는 관계가 없다. 누구나가 알고 있는 바와 같이 학식이 풍부한 사람이라도 몹시 따분한 사람이 있다.

아인슈타인과 같은 대학자라도 만약 남의 기분을 살피지 않는다면 따분한 인간일 수가 있다. 그가 물리학에 관하여 관심이 없는 농부를 만나 일방적으로 몇 시간 동안이나 상대성원리를 얘기했다고 가정하자. 그 농부에게 있어서는 아인슈타인이 몹시 따분한 인간으로 생각될 것이 틀림없다.

따분한 인간과 함께 얼굴을 맞대고 있어야 한다는 것은 고역이다. 숨이 막힐 정도로 답답하다. 그래서 따분한 사람이 나가면 누군가가 새로 들어온 것 같은 기분을 느끼게 되는 것이다.

흔히 웅변은 은이요 침묵은 금이라는 말이 있지만 이것은 보편적 진리를 얘기한 것이고, 가정생활에 있어서 가족 구성원 중의 누군가가 침묵으로 일관하고 있으면 다른 가족들이 괴롭고 고통스럽다.

가족은 서로 자기의 생활과 생각을 어느 정도 이야기해야 한다. 말이 너무 많은 것도 좋지 않지만 말이 너무 없는 것도 재미없다.

누구나가 알고 있는 것처럼 인생은 단조로운 나날의 연속이다. 어제가 오늘 같고 내일도 오늘에 비해 크게 달라지지는 않는다. 이런 일상 속에서 매일 함께 밥을 먹고 함께 잠을 자는 가족간에 꼭 필요한 말은 극히 적을는지도 모른다. 매일 하는 말을 지치지도 않고 앵무새처럼 반복하는 가정이 있을 수도 있고, 진부한 화제에 싫증을 내고 아예 입을 다물고 사는 가정도 있을 수 있다. 이래서는 가정의 화목을 기대할 수가 없다.

가족은 상호간에 자유롭게 대화할 수 있는 상대가 되어야 한다. 그러기 위해서는 서로 존중하는 마음이 필요하다. 남편이 아내의 존재를 무시하거나(반대의 경우도 많다) 부모가 자녀에게 신(神)과 같은 태도를 취해서는 자유로운 대화는 요원하다.

"대부분의 인간은 태어날 때부터 권태로운 존재이다. 서로 어떻게 하면 상대방에게서 재미있는 회화를 끌어낼 수 있는지 알지 못하기 때문이다."

영국의 소설가이자 평론가인 헉슬리의 말이다. 이 말처럼 대화를 잘 이끌어가는 능력이 없기 때문에 유쾌하고 행복해야 할 인간관계가 삭막해지는 것이다.

사람들은 누구나 어둡고 찬 느낌을 주는 사람, 재미없고 따분한 사람을 싫어한다. 이것은 가족이라고 해서 예외가 되지 않는다. 남편도 재미없는 아내를 싫어하고 자식도 꽉 막혀 고리타분한 아버지를 좋아하지 않는다.

유머를 하는 데는 특별한 재능이 필요하지 않다. 가식을 버리기만 하면 된다. 가정에서 유머를 말하거나 우스갯소리를 주저하는 사람이 많은데, 그런 위선적인 사고방식이 가정을 따분하고 권태롭게 만드는 주원인이 되는 것이다.

가정은 인간 본연의 모습이 그대로 드러나는 장소이다. 가정에서조차 쓸데없는 체면이나 허세를 지킨다면 웃음이 생겨날 여지가 없다. 웃음꽃이 만발하는 가정을 원한다면 먼저 부부간에 서로 자유롭게 유머를 주고받을 수 있는 상대가 되어야 한다. 남편이 아내에게 부담없이 농담을 걸고 아내가 장단을 맞출 수가 있어야만 웃음꽃이 피는 것이다.

"웃을 일이 없는데 어떻게 웃느냐?"

이렇게 반문하는 사람들도 있을 것이다. 그러나 그것은 핑계에 불과하다. 상대방에게 즐거움을 주려는 마음의 배려가 없기 때문에 유머소재를 찾으려는 노력조차 하지 않는 것이다. 사실 옹졸하고 편협한 마음을 버리기만 하면 유머의 소재는 지천으로 깔려 있다. 당신을 웃게 만들었던 이야기를 전하면 된다. 그 이야기는 가족들이 떠들썩하게 웃는 것이 아니어도 괜찮다. 즐겁게 들을 수 있고 싱글싱글 웃으면 그것으로 충분하다. 이로써 당신은 듣는 사람을 기쁘게 하고 있는 것이다. 농담 한마디로 가족들을 웃게 만들 수 있다면 그 사소한 우스갯소리가 가족들의 생활에 무언가 플러스가 되게 한 셈이 된다.

동문서답, 우문현답, 난센스 등도 좋은 유머의 소재이다.

야채시장에서 한 남자가 배추에다 모자를 씌웠다. 그것을 보고 친구가 의아한 표정으로 물었다.

"모자를 왜 배추에다 씌우는가?"

"아내가 내 머리통만한 배추를 사오라고 했거든."

이런 난센스에 곧 웃을 수 있는 사람은 유머센스가 있다.

다음의 이야기도 웃음을 유발시키는 난센스이다.

마을 뒷산에 절이 하나 있었다. 그 절에서는 개를 한 마리 기르고 있었는데, 이 개가 어찌나 사나운지 마을사람들이 투견용으로 쓰려고 탐내는 사람이 대단히 많았다.

어느 날 주지승은 개를 훔쳐가려는 음모를 알았다. 그래서 개를 다른 곳에 숨기고 주지승이 개집 속에 들어가서 도둑놈이 오기를 기다렸다.

아니나다를까. 밤이 이슥해지자 도둑놈들이 절의 담을 넘어 개집 곁으로 접근했다.

이윽고 도둑놈 하나가 개집에 손을 넣고 조심스럽게 더듬자 주지승의 머리가 만져졌다. 깜짝 놀란 도둑이 일행에게 말했다.

"어이쿠, 큰일났다!"

"아니, 왜 그런가?"

"보통 개가 아냐."

"보통 개가 아니라구?"

"그래, 개의 불알 한쪽이 사람 머리통만 해. 그러니 덩치는 얼마나 크겠어? 잘못하다가는 물려 죽을지 모르니 어서 도망을 치세."

이렇게 터무니없는 이야기도 잘만 하면 훌륭한 웃음의 재료가 된다. 앞에서 밝혔듯이 한없는 인간의 어리석음에서 웃음이 유발되는 것이다.

"엄마, 우리 갓난아기는 눈은 엄마 닮고 코는 아빠 닮았어요. 그렇지요?"

"그래, 그러니까 엄마 아빠 자식이지."

"그런데 이빨이 하나도 없는 것은 꼭 할머니 닮았어."

어린아이들의 때묻지 않은 천진난만한 언행을 보고 있노라면 절로 웃음이 터진다. 다음도 어린아이의 순진함이 만들어낸 난센스다.

이제 겨우 다섯 살짜리 어린아이에게 엄마가 아빠의 예비군복을 고쳐서 한 벌 맞추어주었다. 그리고 그 옷을 입히고 외출을 했다가 예비군복을 입은 어른을 보았다. 그것을 보고 아이가 말했다.

"엄마 우습지?"

"뭐가?"

"저기 저 아저씨는 아이들 옷을 입고 있잖아."

5) 웃음의 급소

노자(老子)는 제자들에게 늘 이런 말을 했다.

"연약한 것이 강한 것보다 낫고, 어리석은 듯 슬기로운 것이 지나치게 똑똑한 것보다 낫다."

이 말을 의아하게 생각한 한 제자가 물었다.

"저는 스승님의 그 말씀을 좀처럼 이해할 수 없습니다. 연약한 것보다 강한 것이 더 낫다고 생각하는 것이 인지상정이 아닙니까?"

노자가 대답했다.

"강한 것은 부러지기 쉽지만 연약한 것은 부러지지 않는다. 거센 바람이 불면 큰 나무는 뿌리채 뽑히지만, 연약한 갈대는 휘어질 뿐 부러지지 않는다는 것을 보면 알 수 있지 않느냐."

제자는 고개를 끄덕였다.

"과연 그렇군요. 그렇다면 어리석은 사람이 똑똑한 사람보다 낫다는 것은 어떤 뜻에서입니까?"

노자는 빙그레 웃으며 입을 열었다.

"곰곰이 생각해 보아라. 네가 좋아하는 사람 중에 너보다 똑똑한 사람이 많으냐, 아니면 어리석은 사람이 많으냐?"

"생각해 보니 어리석은 사람이 많습니다."

"바로 그것이다. 똑똑한 사람은 남의 시기와 미움을 받기 쉽지만, 어리석은 듯 보이면서 슬기로운 사람은 남들이 모두 좋아하는 것이 아니겠느냐."

"정말 스승님의 말씀이 옳습니다."

제자는 한없이 고개를 끄덕였다.

세상을 지혜롭게 살아가려면 바보처럼 보이면서도 실제로는 현명해야 한다. 인간관계에서 '바보작전'은 매우 주효하다. 약간은 어리석은 듯한 말이나 행동이 사람을 편안하게 만들고 웃음의 씨앗으로 작용한다. 그러므로 웃음의 급소는 바로 바보스러움에 있다고 해도 과언은 아니다.

좋은 인간관계를 원한다면 기꺼이 바보가 될 수 있는 용기가 있어야 한다. 이 말은 대화중에 영리한 체하며 자기의 지식을 자랑삼아 내세우지 말고 상대방의 말허리를 가로채거나 거스르지 말라는 의미이다.

인간관계의 명수들은 참으로 남의 이야기를 잘 듣고 유머센스가 뛰어나다. 그들은 처음 만난 사람과도 이내 가까워져 무슨 이야기든 쉽게 꺼낸다. 그 비결은 상대방의 관심사와 고민이 무엇인가를 재빨리 파악하고 대화의 페이스를 적절히 유지하는 것에 있다.

대화의 페이스 조절은 무엇보다 중요하다. 분위기에 맞는 얘기를 즉흥적으로 풀어 나가면서 내가 말을 해야 할 때와 상대방의 말을 경청해야 할 때를 구분하는 것이다. 농담이나 유머도 상대방이 좋아한다고 자꾸 하면 천박스럽게 되고, 도가 지나치면 그 인물 자체가 경박해지는 것이다.

얘기를 이 정도에서 잘라야 한다 싶으면 과감하게 잘라야 한다. 문제는 너무 일찍 자르면 뜻이 충분히 전달되지 않아 재미없고, 너무 늦게 자르면 늘어져서 역시 재미없다. 그리고 무리하게 남을 웃기려고 하기보다는 상대방의 농담에 웃어주는 것이 훨씬 효과적이다. 상대방의 농담이 비록 재미가 없어도 웃음으로써 성원을 보내주는 것이 원활한 인간관계의 에티켓이다.

6) 당장 활용할 수 있는 생활 속의 유머

필자는 5가지의 신문을 겸독하고 있다. 그런데 같은 사건을 다루고 있어도 신문에 따라서 그 취급방법에 차이가 있다. 사실이라고 하는 것은 그것을 보는 시점이나 해석방법의 차이에 따라서 완전히 별개의 것이 되어버린다.

삶의 모든 문제에 다양한 의견이 있을 수 있다는 것, 바로 여기에 숱한 희극이 숨어 있는 것이다.

웃음을 생활화하기 위해서는 삶에서 다소 일탈하여 세상을 보는 마음의 여유가 필요하다. 어떤 문제를 외곬으로만 해석하려는 고지식함을 버리고 객관화하여 생각하려고 노력하는 것이다. 그런 마음을 가질 수만 있다면 웃음의 소재는 무궁무진하다.

다음에 소개하는 것은 필자의 고정 레퍼토리이다. 때와 장소에 따라 적절히 활용하면 '반드시'라고 하리만큼 웃음을 유발해 낼 수 있다.

"앞으로는 절대 담배를 피우지 않겠어."

진지한 표정으로 선언하듯 말한 다음 잠시 후 능청스럽게 담배에 불을 붙인다. 그러면 상대방은 의아한 표정을 하고 이렇게 말한다.

"금방 담배를 안 피운다고 하고서……."

"응, 담배를 앞으로는 절대로 피우지 않고 옆으로만 피우겠어."

이때는 다소 연기력이 필요하다. 담배를 입언저리에 물고 아주 맛있게 빨아대는 것이다.

"술 한잔 합시다."

아는 사람이 술을 마시자고 한다.

"술 끊었어요."

무척 술을 좋아하는 필자가 술을 끊었다고 말하면 상대방은 놀란다.

"정말……?"

"그래요……. 그러나 끊은 기념으로 한잔하지요."

이러면 웃음이 터진다. 여기에 이런 농담을 덧붙이면 더욱 유쾌하다.

"오늘은 내가 500원 한도 내에서 물 쓰듯이 펑펑 쓰겠어."

술자리에서 부담없이 활용할 수 있는 농담은 많다. 팝콘이 기본안주로 나오는 주점에서 이런 농담도 효과적이다.

"팝콘과 마누라의 공통점 3가지를 말해 보게."

여러 가지 말이 나올 것이다. 원하는 답을 알고 있는 사람도 있을 수 있지만, 대저 이런 이야기는 몰라서 재미있고 알아서 즐거운 것이다.

팝콘과 마누라의 공통점 3가지는 다음과 같다.

첫째, 공짜다.

둘째, 습관적으로 집어먹는다.

셋째, 다른 안주가 나오면 거들떠보지도 않는다.

술 한잔을 들이켠 후 '카 —'하고 소리를 내면서 말한다.

"술을 마시고 왜 '카' 소리를 내는 줄 아나?"

어디까지나 농담이므로 함께 웃을 수 있는 답은 모두 정답인데, 필자가 준비한 답은 이렇다.

"술을 마실 때 눈은 보는 것으로 즐겁고 코는 냄새를 맡는 것으로 즐겁다. 입은 직접 마시기 때문에 즐거운데 같은 머리에 달려 있는 귀는 즐거울 일이 없다. 불공평하다. 그래서 귀도 즐거움을 맛보라고 '카' 소리를 내는 것이다."

술자리에서는 이런 농담도 재미있다.

"세상에서 가장 맛있고 달콤한 술이 뭔지 아나?"

원하는 답은 '공짜술'이다.

빈대떡이 술안주라면 이런 말도 재치가 넘친다.

198

"맛은 좋은데 이름이 더러운 안주군."

동음(同音)을 이용하여 사람을 웃게 만들 수 있다. 어조는 같거나 비슷하지만 뜻이 다른 말이 여기에 해당된다. 일반적으로 음식점이나 다른 곳을 방문하면 '어서 오세요' 하고 말한다. 이때 그 장소가 조금 한가하다면 이렇게 대답하면 된다.

"집(사무실)에서 옵니다."

엉뚱한 대답에 인사를 했던 사람이 어리둥절한 표정을 짓는다.

"어서(어디서) 오느냐고 묻길래 집에서 온다고 했는데 뭐가 잘못됐나요?"

이러면 사고가 유연한 사람이라면 웃는다.

유머는 유연한 사고에서 나오며, 이 사고는 긍정적이고 낙관적인 사람만이 갖는 천연의 재산이라 할 수 있다. 유연한 사고는 관용이기도 하다. 유연한 사고에는 포용력이 있다. 그래서 유연한 사고는 자기에게나 타인에게나 유쾌한 기분을 유지시키는 작용을 하는 것이다.

2. 대인관계를 유익하고 즐겁게 만드는 비결

1) 대인관계의 중요성

인간은 뱀이 무서우면 뱀으로부터 도망칠 수가 있다. 야구가 싫으면 야구장에 가지 않으면 된다. 그러나 인간을 만나는 것이 싫다고 해서 피할 수는 없다. 인간은 태어나면서부터 사회적 동물이기 때문에 인간관계를 피해 살 수는 없는 것이다.

인간은 많은 사람들과 더불어 살아가는 것이 타고난 운명이다. 만약 혼자만의 삶이라면 거기에서 추구할 수 있는 것은 아무것도 없다. 행복도 불행도, 성공도 실패도 의미가 없으며 천국조차 소용이 없다. 그리고 완전히 혼자서 살려고 한다면 신(神)이 되든가 야수가 되든가 둘 중의 하나밖에 없다.

우리는 인생에 필요한 모든 것을 타인을 통해 얻으며 타인과 함께 나누고 공유한다. 사회적 지위와 명예, 부귀와 풍요로운 삶도 타인이 있어야 비로소 존재한다. 다시 말해서 나 아닌 다른 사람의 주변에 있어야만 인생의 의의가 생기는 것이다.

최초의 인간관계는 혈연(血緣)에 의해서 이루어진다. 태어나는 순간 부친과 모친·형제를 기본으로 하여 그 관계의 연쇄에 의하여 이어지는 관계가 성립되는 것이다. 어려서는 가정이라는 울타리 안에서 혈연과의 인간관계를 유지한다. 대체로 이때의 인간관계는 사랑과 이심전심(以心傳心)에 의존한다. 어린아이의 요구를 부모와 친족들이 알아서 들어주는 것이다.

그러나 성장과 함께 지능이 조금씩 발달하면서 혈연이 아닌 타인과의 인간관계가 시작된다. 일상과 학교생활을 통해 우인(友人)과 급우, 사제, 선후배 등 기하급수적이며 상하종횡으로 증가한다.

문제는 인간 저마다가 다른 마음이 있다는 데에 있다. 백인백색(百人百色)이라는 말이 있듯이, 인간들은 제각기 습관·취미·관심 등이 다른 것이다. 이것을 바꾸어 말하면 사물을 보는 방식, 사고방식, 태도나 행동방식에 차이가 있다는 말이며, 이러한 차이를 바로 '개성(個性)'이라고 한다.

인간은 지적(知的)으로도 고르지 않고 도덕적으로도 고르지 않다. 인간이 정직하다든가 부정직하다는 간단히 말할 수 없다. 어느 상황에서는 아주 정직하지만 상황이 바뀌면 그렇지 않게 된다. 절대로 남의 지갑이나 물품 등은 훔치지 않는 사람일지라도 상업에 있어서는 사람을 속이는 경우가 있다.

내가 알고 있는 어느 유원지의 상인은 옛날부터 알고 있는 사람은 결코 속이거나 하지 않는데, 관광객들에게는 터무니없는 바가지요금을 받는다. 가족이나 친밀한 사람에게는 결코 거짓말을 하지 않는데, 그밖의 사람들에게는 거짓말도 함부로 하고 나쁜 짓도 예사로 하는 사람이 있다. 또한 지적으로 매우 날카로운 사고를 하는 사람도 있고 감정이 풍부한 사람도 있다. 이타적인 사람이 있는가 하면 이기적인 사람도 있다.

이렇게 다양한 개성들이 모자이크되어 있는 것이 우리가 살고 있는 사회이다. 성질이 다른 사람들이 뒤얽혀서 살다 보니 감정의 대립은 필연적이라 할 수 있다. 당신도 이미 수차례의 그런 경험이 있을 것이다. 당신의 생각과는 전혀 다르게 상대가 반응하여 불쾌하거나 분쟁으로 이어진 경험이 얼마나 많은가. 선의가 헛되이 와전되고, 친절이 무시되고, 호의를 오해받고, 묘한 평판을 듣거나 무시당하기도 한 경험이 누구에게나 분명히 있다.

이런 경험이 생길 때마다 인간관계가 어렵다는 것을 새삼스레 실감하게 된다. 그러나 살아 있는 한 싫은 사람을 만나지 않고 살아갈 방법은 없다. 특히 직장이나 모임에 싫은 사람이 있다면 몹시 괴롭고 고통스러울 것이다. 그런 고통을 피하기 위하여 직장을 그만두거나 모임에 불참하는 사람들도 있는데, 그것은 오히려 더 많은 것을 잃게 하는 경우가 많다.

인간은 누구나 다소간에 다른 인간과의 관계에 골머리를 썩고 있다. 아무개만 안 보면 살 것 같다고 생각하는 눈엣가시 같은 사람이 존재하는 것이다. 미운 사람은 웃는 모습도 믿고 싶은 사람은 행동거지 하나하나가 눈에 거슬리는 것이다.

어쨌든 인간은 인간관계 속에서 고뇌하기 마련이며, 그것이 아무리 어렵고 힘들더라도 어떻게든 인간과 인간 사이에 적응해 가지 않으면 안 된다. 또한 적응하는 노력에 비례해서 인생을 쾌적하게 보낼 수도 있고 힘들게 보낼 수도 있다.

성공과 행복의 키포인트는 인간관계이다. 어느 분야에서든 최고가 되는 사람은 그렇게 되기까지 주변 사람들에게 많은 도움을 받는다. 아무리 **빼어난** 인물도 주변 사람들의 후원이 없으면 최고가 될 수 없는 것이다.

다른 사람의 우호와 협력을 얻는 능력은 성공을 위한 귀중한 도구이며, 여기에 기획력·추진력·인내력만 발휘한다면 그 사람의 성공은 보장된 것이나 마찬가지이다.

그러면 어떻게 해야 원만한 인간관계를 맺을 수 있을까.

인간관계를 성공시키는 요인에는 두 가지가 있다. 하나는 남이 원하는 것을 당신이 해주는 것이다. 이것은 처세를 공부하는 사람의 황금률이다. 남을 대하는 당신의 태도가 무엇보다도 중요하다.

다른 하나는 사람을 다루는 요령이다. 흔히 '사람을 조종하는 능력'이라고 말하는데, 그 핵심은 그 사람의 인간관에 있다. 쉽게 말해서 그 사람의 인간성이 좋아야 다른 사람이 신뢰하고 따르는 것이다.

대인관계가 좋은 사람들의 공통적 특성은 그들이 다른 사람을 좋아한다는 것이다. 그들은 사람을 좋아하므로 사람들이 하는 일을 잘 관찰한다. 사람을 좋아하므로 사람들의 결점을 이해하고 용서하는 한편 장점을 찾으려고 노력한다.

그리고 다른 사람을 즐겁게 만들고 성숙시킨다. 어떤 지위나 위치에 있는 사람이라도 애정을 갖고 지켜보며 상대방을 존중한다. 그렇기 때문에 사람들은 그의 인품에 반하여 그를 따르게 된다.

인생에 있어서 좋은 인간관계는 자산이고 나쁜 인간관계는 부채이고 적이다. 너무 많은 부채가 있으면 사업이 쓰러지듯 적이 많으면 인간의 행복도 파괴되어버린다.

어떠한 경우에라도 인생에서 적을 만들지 말아야 한다. 원수는 항상 외나무다리에서 만나는 법이다. 막다른 골목에서 적을 만나면 당신이 쌓아올린 모든 것을 일순간에 잃게 된다. 그러므로 만일 당신을 적대시하는 사람이 있다면 당장 화해하라. 미움이 사랑으로, 증오가 우정으로 바뀔 수 있도록 온갖 노력을 경주하라. 그러한 노력을 하면 당신은 이중의 이득을 보게 된다. 즉, 당신은 부채를 없애고 그만큼 자산을 늘리는 셈인 것이다.

인간관계의 기술은 야구나 골프의 기술과 마찬가지로 시간과 노력을 통해 습득될 수 있다.

2) 인간성의 토대

모든 것은 기초가 중요하다. 뿌리가 깊은 나무가 세찬 비바람을 견딜 수 있고, 튼튼한 기초 위에 세워진 건물이 오래 지탱한다. 인간성도 역시 그 사람의 가장 깊숙한 내부에 잠재하는 사고방식, 마음가짐, 감정, 그리고 행동이라는 토대 위에 성립되고 있다.

그러므로 다른 사람에게 영향력을 주는 매력적인 인간성

을 갖기 위해서는 이러한 토대를 먼저 단단히 다지지 않으면 안 된다. 인간성의 토대는 ① 사고 ② 행동 ③ 감정, 이 세 가지이다.

(1) 사 고

사람을 끄는 매력있는 인간성을 만들려면 먼저 자기의 생각이나 사상을 기르지 않으면 안 된다. 이 생각은 올바른 행동을 유도하고 자신과 신념을 북돋우며 감정을 고양시키는 것이 아니어서는 안 된다.

모든 사물의 외관(外觀)은 내부로부터 형성된다는 것이 변함없는 진리이다. 그런데 많은 사람들은 이 상식적이고 평범한 진리를 무시하는 경향이 짙다. 흔히 인간을 '환경의 산물'로 표현하며, 외부의 영향에 의해 인간성이 결정된다고 말한다. 물론 어느 정도 일리있는 말이지만 근원적으로 파고들자면 매우 위험한 생각이라 아니할 수 없다.

환경이 그 사람의 인간성을 결정하는 것이라면, 같은 환경에서 자라거나 생활하는 사람은 같거나 비슷한 인간성을 지녀야 한다는 결론이 나온다. 그러나 좋은 환경 속에서 성장한 악인이 많고 나쁜 환경 속에서 성장한 선인도 수두룩하다.

단언하지만, 인간성은 결코 외부의 영향으로부터 만들어지는 것이 아니다. 내부로부터, 즉 사람의 자기에 대한 인식의 정도에 따라 만들어진다. 좀더 쉽게 말해서 그 사람의 생각이 그 사람의 인간성을 결정하는 것이다.

당신이 어떤 사람을 몹시 싫어한다면 당신과 그 사람의

인간성에 대해 모르는 필자가 어떻게 설명할 수 없지만, 그
것의 시초는 감정의 문제에서 기인되었을 것이다. 어느 땐
가 당신의 구미에 맞지 않는 행동을 그 사람이 함으로써 당
신은 감정에 상처를 받은 것이다. 이것을 역으로 생각하면,
그 사람의 구미에 당신이 맞지 않았다는 말이 된다. 나의 구
미를 맞추지 않는 사람을 나쁘다고 생각한다면, 남의 구미
를 맞추지 못하는 나를 어떻게 평가해야 할까?

매사를 자기 본위로 생각하는 사람은 좋은 인간관계를 맺
을 수 없다. 어디까지나 인생의 법칙은 '기브 앤드 테이크
(give and take)'에 있다. 내가 베풀어야 상대방도 내게 베
풀고, 내가 상대방의 개성이나 의견을 인정할 수 있어야 상
대방도 나의 개성과 의견을 인정해 주는 것이다.

그러므로 인간관계가 나쁜 상대방의 행위를 탓하기에 앞
서 당신의 행위를 곰곰이 생각해 보아야 한다. 그리고 그 사
람과의 좋은 관계를 원한다면 그 사람을 대하는 당신 자신
의 마음가짐을 바꾸는 것이 가장 쉬우면서도 효과적인 방법
이다.

"우리 시대의 가장 위대한 발견은, 인간은 자기의 마음가
짐을 바꿈으로써 인생을 바꿀 수 있다는 사실을 알아낸 것
이다."

심리학자 윌리엄 제임스의 말이다. 이 말처럼 인간관계도
당신이 다른 사람을 어떻게 보느냐에 따르는 것이며, 당신
이 다른 사람을 대하는 견해를 바꾸면 그 사람도 역시 바뀌
는 법이다. 결론은 당신의 마음가짐에 모든 것이 달려 있는
것이다.

(2) 행 동

현대는 자기 PR시대, 쇼맨십의 시대라고 한다. 확실히 그렇다. 어떤 의미에서 인간은 누구나 세일즈맨이다. 물건을 판매하는 것이 아니라 자기 자신을 판매하며 살고 있는 것이다. 이것은 사실 시장경제의 원리와도 흡사하다. 제품을 상품으로 만드는 것이 마케팅인데, 마케팅에 성공하기 위해서는 소비자의 욕망을 파악하고 거기에 호소하는 기술이 요구되고 있다. 제아무리 상품가치가 뛰어난 요소를 가지고 있어도 제품에 시선이 가지 않는다면 진가를 발휘할 수 없다. 그래서 기업은 엄청난 비용을 투자하여 홍보에 열을 올리는 것이다.

인간성의 홍보는 행동이다. 사람들은 당신의 행동을 보고 당신의 인간성을 판단한다. 당신이 아무리 훌륭한 인간성을 지니고 있더라도 행동으로 나타내지 않으면 다른 사람들은 당신의 참모습을 제대로 알지 못한다.

인생의 모든 성공은 행동에 대한 보상이다. 아무리 좋은 계획이라 하더라도 행동이 따르지 않으면 공상에 지나지 않는다. 공상은 누구나 할 수 있다. 문제는 행동이다. 야망은 있으나 기어가는 사람, 꿈은 있으나 질질 끄는 사람, 계획은 있으나 뒤로 미루는 사람은 절대 성공할 수 없다. 세상은 언제나 당신이 하는 행동으로 당신의 가치를 결정한다.

(3) 감 정

"감정은 행동에 의하여 일어난다."

하버드대학의 저명한 심리학자 윌리엄 제임스의 말이다.

사실 감정이 행동을 부르는 것보다 행동이 감정을 솟구치게 하는 경우가 훨씬 많다. 예를 들어 당신의 아침을 생각해 보라. 당신은 아침에 일어나자마자 그날 할 일에 대한 의욕이 샘솟는가? 아마도 아닐 것이다. 일하고 있는 동안에 이것도 하고 싶고 저것도 하자는 일할 마음이 우러나는 것이 일반적인 현상이다.

열의가 없는 것처럼 행동하면 열의가 나오지 않는다. 활기없는 행동을 하면 실망한 기분에 빠진다. 한두 걸음 남보다 뒤져서 행동하면 참으로 뒤떨어진 듯한 기분이 된다. 건들건들하고 게으름을 피우면 참으로 태만한 마음이 생긴다.

이렇듯 행동이 인간의 감정을 이끈다. 무엇을 하더라도 자신있고 활기차게 행동하면 감정도 덩달아 행동에 따르게 된다는 말이다.

3. 다른 사람들은 당신을 어떻게 보고 있는가

앞의 '웃음의 재료' 중 '성담(性談)' 항목에서 전술한 바와 같이 사람들은 누구나 적어도 4가지의 자기를 가지고 있다. ① 겉으로 나타내고 있는 자기, ② 상상하고 있는 자기, ③ 다른 사람이 보는 자기, ④ 실제의 자기가 그것이다.

필자로서는 당신의 인간성을 예측하기 어렵다. 그러나 당신의 오랜 친구나 주변 사람들은 나름대로 당신의 인간성을 판단하고 있다. 다른 사람이 보는 자기, 즉 당신의 언행으로 말미암아 가까운 사람에게 심어진 이미지가 당신의 '사회적 인간성'인 것이다.

당신의 사회적 인간성이 나쁘게 심어져 있는 경우라면, 당신이 사람의 관심을 끌 수 있는 기교를 아무리 많이 가지고 있다 하더라도 전혀 무의미하다. 다시 말해서 이미 심어진 이미지를 개선시키는 것은 참으로 어렵다는 말이다. 우화에도 나오는 것처럼 한번 거짓말쟁이로 낙인 찍히면 진실을 말해도 사람들은 좀처럼 믿어주지 않는다.

다른 사람들은 당신을 어떻게 보고 있는가? 인간관계를 위해서는 무엇보다도 먼저 이것을 잘 파악하고 있어야 한다. 불타(佛陀)는 인간을 신분이나 빈부의 차에 관계없이 다음의 다섯 종류로 나누고 있다.

첫째, 세상에 꼭 있어야 할 인간
둘째, 세상에 있는 편이 나은 인간
셋째, 있어도 되고 없어도 되는 인간
넷째, 없는 편이 나은 인간
다섯째, 차라리 죽어버리는 것이 좋은 인간

당신은 이 가운데에서 어느 쪽에 속하는가?

1) 호감을 사는 사람과 그렇지 못한 사람

사람을 좋아하고 싫어한다는 것은 다분히 기분에 좌우된다. 이것을 우리는 흔히 기질이 맞는다, 맞지 않는다고 표현한다.

어떤 사람이 호감을 사고 못 사고는 사람에게 따라서 개인차가 있다. 내가 좋아하는 사람을 다른 사람은 싫어할 수 있으며, 내가 싫어하는 사람을 다른 사람은 좋아할 수도 있다. 개성에 따라 선호도를 달리하는 것이다.

그러나 대다수의 사람들로부터 호감을 사는 사람이 존재하는 반면에 많은 사람들로부터 미움을 사는 사람들도 있다. 그들의 공통적인 요소를 찾아보면 다음과 같다.

▶ 호감을 사는 사람의 공통요소
· 예절바르며 겸손하다.
· 인간적으로 밝고 성격이 온화하다.
· 겉과 속이 한결같다.
· 친절하다.
· 믿음성이 있다.
· 공정하다.
· 지시나 회답이 명확하다.
· 책임감이 강하다.
· 판단이 적절하다.
· 포용력이 있다.
· 업무 수행력이 있다.
· 유머감각이 뛰어나다.

▶ 미움을 사는 사람의 공통요소
· 예의를 모르고 오만하다.
· 인간적으로 어둡고 성격이 심술궂다.
· 겉과 속이 다르다.
· 끈덕지고 고집스럽다.
· 공적은 가로채고 책임은 전가한다.
· 욕심이 많다.
· 상대방의 입장을 전혀 감안하지 않는다.
· 무책임하다.
· 업무 수행력이 뒤떨어진다.

2) 인간적인 매력 연출법

인간에게는 한마디로 표현할 수 없는 개개인의 멋과 개성이 있다. 그것은 그 사람의 키가 크냐 작으냐, 뚱뚱하냐 말랐느냐, 우울한 성격이냐 쾌활한 성격이냐, 하는 따위와는 관계가 없다.

당신도 알고 지내는 사람 중에 함께 있기가 몹시 꺼려지고 불편한 사람이 틀림없이 있을 것이다. 교양도 있고, 외모도 훌륭하고, 재력이 있는데도 불구하고 그와 함께 있으면 웬지 모르게 불쾌하게 만드는 무엇인가가 있다. 당신은 그 까닭을 명확히 알 수 없을지 모르지만 아무튼 오래 사귈 수는 없는 사람이다.

그러나 반면에 교육을 받지 못했고 세속적인 의미의 재산도 그다지 갖지 못했는데도 함께 있으면 즐겁고 유쾌하게 느껴지는 사람도 있을 것이다.

사람 개개인에게서 풍기는 독특하면서도 기분 좋은 분위기가 바로 인간적인 매력이다. 이 매력은 가장 소박하면서도 가장 강력한 무기가 된다. 아무렇지도 않게 사용되어도 강하게 다른 사람의 마음에 호소하고, 대화를 스무드하게 진행시키거나 행동거지를 훌륭하게 꾸미는 작용을 한다. 때문에 이 매력은 인생의 목표를 달성하는 데 있어서 아주 중요한 수단으로 작용한다.

인간은 누구나 많건 적건 어느만큼의 인간적인 매력을 지니고 있다. 그것은 다른 사람과 대화할 때 가장 중요한 수단인 목소리와 시선, 태도와 자세 등을 통해 자연스럽게 드러난다.

인간적인 매력은 천부적으로 타고난 능력이기 때문에 마음대로 높일 수는 없다. 그러나 노력과 연출에 의하여 고양시킬 수는 있다.

인간은 누구나 멋있고 재미있게 살고 싶어한다. 그러나 즐겁고 행복한 삶을 살아가기 위해서는 좋은 인간관계가 선행되어야 하며, 좋은 인간관계를 위해서는 매력적인 자기연출이 절대 필요하다.

그렇다면 매력적인 자기연출의 요소는 무엇인가. 그것을 10가지로 구분하면 다음과 같다.

(1) 인 사

영국의 속담에 "인사성이 바른 것은 사람을 꾸미고 더욱이 돈이 들지 않는다."라고 했다. 또한 오스트리아의 시인이자 극작가인 호프만 슈탈은 이런 말을 남겼다.

"타인과의 교제에 있어서 예의범절을 깍듯이 지키는 사람은 이자로 살아가지만, 그것을 무시하는 사람은 원금에 손을 댄다."

이상의 말은 매우 의미심장한 말이다. 사람이 인사를 하는 데는 돈이 들지 않는다. 그렇지만 많은 것을 얻게 한다. 또한 인사는 최초에 서로의 마음을 여는 커뮤니케이션으로 인간관계의 시작이라고 말할 수 있다.

잠시 책 읽는 것을 중단하고 생각해 보라. 당신의 주변에서 당신의 마음을 밝게 해주는 사람은 과연 어떤 사람인가? 모르기는 해도 아마 예절을 알고 인사성이 밝은 사람일 것이다.

인사에도 좋은 인사와 나쁜 인사가 있다. 밝은 표정과 음성으로 인삿말을 건네면서 차분하면서도 천천히 머리와 몸을 35도 정도까지 숙이는 것이 바른 인사법이다. 머리는 내려가지 않고 턱이 튀어나온다거나 꾸뻑 하고 머리만 숙이는 방법이어서는 아무래도 유치한 이미지를 주게 된다.

빈틈없고 확실하게 인사를 할 수 있는지의 여부에 따라서 주위에서 보는 눈도 달라지게 된다.

(2) 예 절

'예절'은 인간을 짐승과 구별하는 가장 중요한 덕목이다. 이 말은 짐승에 가까운 인간일수록 예절을 모른다는 말로 이해해도 좋다. 예절을 모르는 인간은 다른 부분에서 아무리 뛰어난 일을 하더라도 정신적으로는 하층계급이다.

무례하게 다루어지는 것만큼 인간의 자존심에 심하게 상처 주는 것도 없다. 거만함에서 생긴 무례함은 용서하기 어렵고, 거칠고 촌스러움에서 생긴 무례함은 불쾌하다. 때문에 상대방과 접촉할 때 예절을 잃으면 인간적인 매력도 사라져버린다.

모든 인간관계에 있어서 예절은 조용한 그늘의 수습역이다. 뭔가를 팔 때도 예절을 곁들이면 물품의 두 배의 가치가 되돌아온다. 물품의 대가와 함께 만족한 손님의 경의를 받는 것이다.

사람들로부터 예의가 바르다는 말을 듣도록 하라. 이 평판만으로도 충분히 사람들로부터 사랑받는다.

⑶ 겸 손

"벼는 익을수록 고개를 숙인다."라는 속담이 있다. 인간은 겸손한 만큼 허리가 낮아진다는 것을 의미하고 있다.

《탈무드》에 이런 이야기가 있다.

《탈무드》를 공부하는 어느 사나이가 라비에게 말했다.

"저는 신을 칭송하기 위해 제가 할 수 있는 능력의 범위 내에서 온갖 노력을 다했습니다. 그러나 오늘에 와서 되돌아보니 저는 아무런 진보도 이루지 못했습니다. 저는 이전과 조금도 달라지지 않은 하찮은 사람으로 무지의 덩어리에 불과합니다."

이 말을 들은 라비는 몹시 기뻐했다.

"당신에게 1만 번의 축복이 내리시기를……. 당신은 전과 다름없는 하찮은 사람이고 아직도 무지의 덩어리에 불과하다고 말씀하셨습니다. 그러한 말을 할 수 있는 당신은 최고의 지혜를 이미 배웠습니다. 그것은 바로 겸손입니다."

남을 존중하고 자기를 내세우지 않는 태도를 겸손이라고 한다. 러시아의 대문호 톨스토이는, "겸손은 자기 자신을 죄 많은 인간이라고 생각하며, 자기의 선행을 자랑삼지 않는 데서부터 시작된다."고 말했다.

겸손은 인간을 확고한 기반(基盤) 위에 세워놓는다. 그러한 기반 위에 서서 인간은 자기에게 운명지워질 임무를 수행할 수 있게 된다. 인간이 교만하면 교만할수록 그의 기반은 약해지고 만다.

그리고 겸손은 항상 친절과 짝을 이룬다. 겸손하지 못하면 친절할 수 없고, 친절하지 않으면 겸손해질 수가 없다.

(4) 감 사

인간에게는 두 가지 타입이 있다. 사소한 일을 해주었는데도 크게 감사하는 인간과 큰 일을 해주었는데 조금도 감사하는 마음이 없는 인간이다. 전자는 남의 호감과 사랑과 존경을 받고, 후자는 미움과 경멸을 받는다.

인생은 복잡하고 우리의 미래는 예측할 수 없는 일들이 도사리고 있다. 그렇기 때문에 사람은 언제 어디에서 곤경에 처하게 될는지 아무도 모른다. 감사와 은혜를 잊고 사는 사람도 다시 누군가의 도움이 절실히 필요할 때가 있다. 그때 감사를 모르는 사람이 구원을 요청할 사람은 아무도 없다. 사람은 배은망덕한 사람을 도와주지 않는다.

인간관계가 뛰어난 사람이 보이는 여타의 특징과 마찬가지로 감사는 습관들이기에 달려 있다. 그것은 마음가짐이기도 하다. 따라서 마음속 깊이 감사하는 감정을 느끼지 않는 한 입에 발린 감사의 말은 상대방에게 공허하게 들린다.

감사와 인간성은 밀접한 관계가 있다. 인간은 감사하는 마음을 가지려고 의식적으로 노력함으로써 품위있고 고상하고 정중한 인간성을 함양할 수 있다. 누군가에게 도움을 받으면 단 몇 분이라도 좋으니 시간을 내서 감사하는 마음을 전하라. 감사는 물질보다 시간과 정성이 훨씬 더 소중하다. 감사하는 마음을 전달하기 위해 충분한 시간과 정성을 들이면 상대방 역시 즐거워할 것이다.

너무 당연한 말이지만, 감사하는 마음은 주변 사람들에게도 큰 영향을 끼친다. 상대방 역시 감사의 마음에 감동을 받고 당신의 수고와 마음 씀씀이에 감사하는 마음을 전달할 수 있는 멋진 방법을 찾으려고 할 것이다.

감사하는 마음은 아무런 비용도 들이지 않고 밝은 미래를 보장하는 보증수표이다.

(5) 경 어

속담에 "말이 고마우면 비지 사러 갔다 두부 사온다."는 말이 있다. 말하는 상대방의 태도가 마음에 들고 뜻이 고마우면 그 사람이 예정했던 것보다 후하게 해준다는 뜻이다.

모두가 알고 있는 것처럼 말은 사고(思考)의 원천이고 정신의 표현이다. 건전한 정신에서 건전한 말이 나오고 불건전한 정신에서 거칠고 야비한 말이 나온다. 따라서 말이 어지럽다고 하는 것은 정신이 어지러운 것과 궤(軌)를 같이한다. 언제나 말은 정직하게 정신을 반영하는 것이다.

요즘의 젊은 세대는 서로간의 친밀감을 드러낸다는 이유를 들어 경어없는 일상어를 사용하는 경향이 짙다. 이것은 친구 사이에서나 가능한 일이지 분별있는 사람이 사용할 언어는 결단코 아니다. 격의없이 지내는 사이라 하더라도 친밀한 관계가 모든 것을 덮어둘 수 있는 것은 아니다.

경어는 상대방을 대우하는 표현이기 때문에 예절을 아는 사람은 함부로 말하지 않는다. 말에 방종이 흐른다는 것은 무례함의 직접적인 표현이다. 친밀하다는 것과 무례하다는 것을 엄격히 구별해야 인간적인 매력을 높일 수 있다.

⑹ 아 량

외국의 격언 중에 다음과 같은 것이 있다.

"친구는 꼭 껴안아라. 그리고 적은 더욱더 꼭 껴안아라. 몸부림치지 못하게."

사람치고 허물 없는 사람은 없다. 또 잘못된 생각과 용심으로 허물을 저지르기 쉬운 것이 사람이다. 그렇기 때문에 관용이 필요하다. 남이 허물을 저질렀을 때 그것을 덮어주는 것, 그것은 바로 내가 그와 같은 허물을 저질렀을 때 남도 나의 실수를 모르는 척해 주며 용서를 해주는 것이다.

어떤 친구가 나에게 손해를 끼치거나 잘못을 했는데도 모르는 척하고 그대로 넘어가는 것은 상대방으로 하여금 부끄러움을 느끼지 않게 하기 위한 것이다. 그것은 얼른 생각하면 손해를 보는 것 같지만, 그 대신 친구 한 사람을 잃지 않는 큰 이익이 있음을 깨달아야 한다.

자기의 허물을 생각하지 않고 남의 허물만 들추어내어 옳고 그름을 따지는 사람에게는 친구가 모여들지 않는다.

"물이 지나치게 맑으면 고기가 없고, 사람이 지나치게 살피면 친구가 없다."는 옛말은 관용의 정신을 가지라는 말이다. 이해할 것은 이해하고 용서할 것은 과감히 용서하여 사람을 포용하라는 말이다.

좋은 인간관계를 위해서는 매력적인 인품의 소유자여야 한다. 매력적인 인품의 포인트는 포용력이다. 사람을 대할 때는 단점을 보고 배척하지 말고 장점을 보아 포용하라. 그렇게 매사를 선의로 해석하려는 마음이 있으면 관용의 마음도 생기게 된다.

218

특히 아랫사람을 거느리는 위치에 있는 사람은 먼저 근심하고 나중에 기뻐하는 도량이 있어야 한다. 남보다 한 걸음 늦게 차지하려는 아량이 다른 사람의 신뢰와 신망을 얻는 바탕이 된다.

(7) 성 의

인간관계는 결국 마음과 마음의 문제이다. 아무리 훌륭한 처세술을 발휘해도 참되고 정성스런 마음이 담기지 않았다면 받아들여지지 않는 법이다. 다른 사람을 위해 최선을 다하고 자신이 손해를 볼 수도 있다는 희생정신이 없다면 사람들은 그것을 성의가 있다고 생각하지 않는다.

성의의 진정한 의미는 상대방이 곤경에 처해 있을 때 가능한 한 상대방을 위해 힘이 되어주고자 노력하는 과정에 있다. 진심으로 남을 위해 애써주는 마음의 상태가 곧 성의인 것이다.

성의가 있는 인간은 누구에게라도 환영을 받는다.

(8) 칭 찬

인간은 누구나 주위로부터 인정받고 싶다는 강한 욕구를 가지고 있다. 그 욕구를 완벽하게 충족시켜주는 것이 바로 칭찬이며, 그래서 인간은 칭찬을 받으면 누구나 기뻐하게 된다.

어느 심리학자는 타인의 칭찬에 의하여 느끼는 인간의 기쁜 감정을 둘로 구분하여 설명했다. 그 하나는 '자기 확인의 칭찬'이고 다른 하나는 '자기 확대의 칭찬'이다.

전자는 이미 스스로도 인정하고 있는 자신의 장점을 칭찬받은 경우를 말한다. 예를 들면 능력이 있다, 성실하다, 좋은 사람이다, 핸섬하다, 미인이다, 매력이 있다는 등의 말을 듣고 자기의 장점을 확인한다는 것이다. 다시 말해 지금까지 여러 사람들로부터 많이 들어왔기 때문에 자기도 익히 알고 있는 부분을 칭찬으로 인하여 거듭 확인하는 것이다.

빼어난 미인에게 그 외모를 칭찬하면 오히려 부작용이 있다고 주장하는 사람들이 있는데, 그것은 올바른 주장이 아니다. 미인도 자기의 미모를 칭찬받으면 역시 기쁘다. 다만 그 미모 이외의 다른 부분, 즉 정신적인 면을 칭찬받으면 기쁨이 배가되는 것이다.

미인에게 교양이나 지성미를 칭찬해 주는 것을 '자기 확대의 칭찬'이라고 한다. 이것은 지금까지 자신이 깨닫지 못한 점을 타인으로부터 칭찬을 받아 비로소 알게 되는 것이다.

자기 확인의 칭찬과 자기 확대의 칭찬을 비교하면 후자쪽의 기쁨이 단연 크다. 칭찬은 본인이 미처 발견하지 못했던 점을 꼬집어주기 때문에 사람을 더욱 기쁘게 만드는 것이다. 자기 존재가 확대되었기 때문에 기쁜 감정을 가지게 되는 것은 당연하다.

(9) 미 소

이 책의 주제가 '웃음'이기 때문에 미소에 대해서는 다른 곳에서 이미 많이 다루었다. 더이상 덧붙이면 그 소리가 그

소리인 군소리가 될 것이다. 그래서 여기서는 요령있게 잘 웃는 것에 대하여 몇 마디 하고자 한다.

세상사의 모든 것이 그렇듯이 지나치면 좋지 않다. 보약도 지나치게 복용하면 독약이 되고, 친절도 지나치면 역효과를 초래한다. 미소도 마찬가지이다.

미소는 아름다운 것이지만 함부로 헤프게 웃을 때 웃음은 그 값어치를 잃고 천박해지기 쉽다. 또 웃지 않아야 할 때 웃는다면 문제는 심각해진다.

분위기 파악을 잘해야 한다. 웃어야 할 때와 웃어서는 안 될 때를 민감하게 파악하고 그 상황에 적합한 미소를 짓는 것이 중요하다. 미소의 효용은 사람을 유쾌하고 행복하게 만드는 것에 있다는 것을 항상 염두에 두어야 한다.

(10) 유 머

유머는 인간관계의 윤활유이며 상대방을 내 편으로 만드는 강력한 무기이다. 유머감각은 다른 재질과 마찬가지로 의식적으로 끊임없이 노력하면 개발된다. 누군가에게 들은 유머나 유머책을 보고 재미있다고 생각한 내용을 잘 기억해 두었다가 적절한 상황에 직접 활용함으로써 자기 것으로 만들 수 있다. 재미있는 유머를 제아무리 많이 알고 있다 해도 활용하지 않으면 아무런 의미가 없다.

그리고 무엇보다 유머철학을 가지는 것이 중요한데, 그것은 자기 자신을 너무 심각하게 생각하지 않는 것이다. 가끔은 자신의 모습을 보고 웃을 줄도 알고, 자신의 불안전함에 대해 농담할 수 있는 여유가 있어야 자연스럽게 유머를 말할 수 있는 것이다.

"최고인물은 반드시 유머센스를 지녀야 한다."는 말이 있다. 과연 그렇다. 매력이 넘치고 현명한 사람은 단조롭고 딱딱해지기 쉬운 분위기를 재미있고 유쾌한 유머를 던짐으로써 화기애애하게 만든다. 또한 유능한 교사도 수업 사이 사이에 유머를 적당하게 넣어 학생들을 웃기면서 효과적으로 수업을 진행시켜간다.

고상한 유머, 악의없는 농담, 명랑한 웃음은 자연계가 인간에게 부여한 최고의 양약이라 말할 수 있다. 이 양약을 잘 활용하는 사람이 다른 사람들로부터 호감을 받게 되는 것은 당연하다. 그 호감을 자산으로 하여 인생의 성공과 행복을 얻게 되는 것이다.

세상에 일에는 유능한데도 그다지 빛을 보지 못하는 사람이 있다. 이런 사람의 대부분은 융통성이 없고 고지식하기만 하다. 사고방식이 완고하여 명랑한 농담을 건네지도 못하고 받아들이지도 못하기 때문에 다른 사람들의 우호와 협력을 받을 수 없는 것이다.

유머와 웃음은 강한 힘으로 사람을 끌어당기는 자석이다. 자연스럽게 유머를 말할 수 있고 남의 농담에 유쾌하게 웃을 수 있는 사람은 많은 사람들로부터 환영을 받는다. 매력이 넘치는 인간이 되려고 한다면 유머감각을 기르는 것이 필수적이라고 말할 수 있다.

4. 화술은 인생의 가장 큰 무기이다

오래 전 이집트에 있는 파라오의 묘에서 한 권의 책이 발견되었다. 그 책은 약 3천 년 전에 씌어진 것이었다. 그 내용 중에 다음과 같은 충고가 씌어 있었다.

"남보다 한 걸음 앞서기 위해서는 말을 잘하는 명인(名人)이 되라. 언어는 사람의 가장 큰 무기요, 말은 싸움보다 강하기 때문이다."

인간이 창조한 문화 가운데 가장 특징적인 한 가지를 찾으라고 한다면 단연코 언어라고 말할 수 있다. 문명은 언어와 함께 진보해 왔다.

한 인간의 운명은 말할 것도 없고, 한 나라의 운명까지도 언어에 의하여 바뀌는 일이 있다. 고려 초기의 문관 출신 장군 서희(徐熙)는 거란이 내침하여 국운이 위태롭게 되자 단신으로 적진에 들어가서 탁월한 화술로 적장 소손녕(蕭遜寧)

을 설득시켜 거란군을 철수시키는 데 성공했다. 외교로 나라를 구한 실례는 세계의 역사에 숱하게 많다.

인간의 일생은 말로 시작해서 말로 끝난다고 해도 과언이 아니다. 살아 있는 동안 우리는 끊임없이 남에게 말하고 남의 말을 듣는다. 말이 없는 인간생활은 상상할 수조차 없다. 그리고 한마디의 말이 원인이 되어 그 사람에게 행복을 가져다준 경우는 얼마든지 있다. 이와는 달리 무신경한 한마디의 말이 불행을 가져다준 경우도 수두룩하다.

"말 한마디에 천냥 빚도 갚는다."는 속담이 단적으로 말해 주듯이, 말을 잘하고 못하고에 따라 대화하는 상대에게 전혀 다른 인상을 준다. 말은 듣는 사람의 마음을 즐겁게도 하고 노하게도 만든다. 사람을 죽이기도 하고 살리기도 한다. 싸움이 생기고 서로 친하던 사이가 벌어지게 되는 까닭도 한마디의 나쁜 말 때문이다. 이렇게 말은 행복의 씨앗도 될 수 있고 불행의 씨앗도 될 수 있다.

대화의 필요성은 인간이 사회생활을 영위하는 데 있어 거의 모든 부문에서 요구된다. 오늘날과 같이 과학이 고도로 발달하고 버튼 하나만 누르면 컴퓨터가 알아서 모든 일을 처리해 주는 시대에서는 대화의 필요성이 더욱더 강조되고 있다.

말을 효과적으로 설득력있게 하지 못하는 사람은 인생 항로를 순탄하게 항해하지 못한다. 자녀를 설득시키지 못하는 부모, 고객을 설득시키지 못하는 세일즈맨, 대중을 설득시키지 못하는 정치가, 재판관이나 배심원을 설득시키지 못하는 변호사, 이성을 설득시키지 못하는 사람들은 그들의 인생에서 많은 손해를 감수할 수밖에 없다.

  자기의 능력에 따른 정당한 대우를 받기 위해서는 말하는 능력을 높여야 한다. 필요할 때 필요한 말을 설득력있게 할 수 있는 화술이야말로 인생의 가장 큰 무기인 것이다.

5. 말을 잘하기 위한 세 가지 요소

말을 잘하기 위해 특별히 마련된 기술은 없다. 중요한 것은 자기 생각을 정확히 상대편이 이해할 수 있도록 전달하기만 하면 된다. 그러나 이것은 말처럼 쉽지 않아서 생각을 제대로 이야기하고 싶어도 막상 상대방과 마주하고 있으면 좀처럼 말이 잘 나오지 않는 법이다.

말을 잘하기 위해서는 다음에 제시하는 세 가지 요소를 지키는 것이 절대 필요하다.

첫째, 남의 말을 잘 들어라.

둘째, 상대방의 입장에 서서 분명히 말하라.

셋째, 제스처를 활용하라.

1) 남의 말을 잘 들어라

한번 입을 열었다 하면 청산유수로 막힘없이 말하는 사람이 있는가 하면 더듬거리며 어렵게 말하는 사람도 있다. 논리정연하게 자기의 생각을 거침없이 말하는 사람이 있는가 하면 말을 두서없이 하는 사람도 있다. 흔히 전자를 '말 잘하는 사람'이라 하고 후자를 '말 못하는 사람'이라고 한다. 그런데 재미있는 것은 전자보다 후자에 속하는 사람 중에 매력있는 인간이 많다는 것이다. 화술이 유창하지 못함에도 불구하고 사람이 따르고, 많은 사람들의 호의와 신망을 얻는 것이다. 그 이유는 무엇일까?

결론부터 말하자면 인격의 작용이라고 할 수 있다. 궁극적으로 진실을 말하는 눌변(訥辯)이 거짓을 말하는 능변(能辯)보다 설득력이 강하고 신뢰도를 높이게 되는 것이다.

말이 많으면 실수가 따르기 마련이다. 자기가 한 말에 책임을 지지 못할 때 신용을 잃게 된다. 한번 신용을 잃으면 그가 아무리 말을 조리있게 잘한다 하다라도 상대방이 믿어주지 않는다. 사람을 설득하지 못하는 말은 아무런 의미가 없다.

사람들은 누구나 말하기를 좋아한다. 이 말을 달리하면, 사람들은 자기의 말을 들어주는 사람을 좋아한다는 말이 된다. 사실 사람들은 말 많은 사람을 좋아하지 않는다. 자기의 말을 열심히 들어주는 사람을 좋아하는 것이다. 기억하라. 상대방이 하는 이야기를 듣고 있을 때가 상대방에게 가장 좋은 인상을 주는 때라는 것을.

따라서 사람들에게 호감을 줄 수 있는 방법은 간단하다. 다른 사람의 말을 보다 열심히 들어주는 것이다.

말을 잘하는 첫째 조건은 다른 사람의 말을 잘 듣는 것이라는 점에 이론의 여지는 없다. 그리고 효과를 증대시키기 위해서는 듣는 방법이 좋아야 한다. 남의 말을 잘 듣는다는 일은 결코 말처럼 쉬운 일이 아니다. 노력과 인내가 절대 필요하다. 상대방이 하는 말에 당신은 조금도 흥미를 느끼지 못할 때가 있다. 또한 그 말이 당신의 견해와 상반될 경우도 있고, 당신이 더 잘 알고 있을 수도 잇다. 이럴 경우 당신은 묵묵히 상대방의 말을 듣고 있어야 하는 것이 지겹고 괴로울 것이다.

표정은 최악의 밀고자라는 말이 있다. 상대방의 말을 듣는 것에 흥미가 없으면 당신의 표정은 '흥미없음'을 그대로 드러낸다. 경박하거나 조급한 사람은 즉석에서 상대방의 말허리를 자르고 자신의 생각을 피력하기도 한다.

"당신 말은 틀렸소. 사람이 잘 알고서 말해야지……."

"그런 얘기라면 나도 알고 있어."

"또 그 얘기야."

이렇게 상대방의 말을 묵살해 버리면 대화는 여지없이 단절되어버린다. 사람은 누구나 감정이 있다. 남들이야 어떻게 생각하든 그 사람 나름대로의 자존심이 있는 것이다. 그 자존심은 자기의 말을 묵살당함으로 인하여 크게 손상된다. 상대방의 자존심을 상하게 해놓고서 당신이 아무리 훌륭한 말을 해도 소용이 없다. 이때는 플라톤이나 칸트의 논리보다 더 훌륭한 말로 설득을 해도 상대방을 설득할 수 없다. 상처를 입은 것은 논리가 아니라 감정이기 때문이다.

말을 잘하는 사람은 듣기도 잘한다. 자신이 이미 알고 있는 이야기를 할지라도, 비록 그 이야기가 자신에게 흥미가 없다고 할지라도 열심히 들어주는 것이다. 그런 태도가 상대방에게 이야기가 통하는 사람이라는 느낌을 주게 되고,

자기의 말을 성의있게 들어주었기 때문에 상대방의 말도 들어줄 마음을 갖게 만든다.

잘 듣는 사람이 되려면 먼저 마음을 열어놓고 진지한 홍미를 가져야 한다. 상대방의 말에서 내가 꼭 배워야 할 점이 있다고 생각하는 것이다. 이런 마음가짐으로 상대와 대화한다면 상대방의 말을 소홀히 듣지 않게 되고, 또 내가 미처 알지 못했던 소중한 지혜를 얻게 되는 경우가 많다. 비록 관심 밖의 이야기라 하더라도 진지한 홍미를 갖고 귀를 기울이는 것이 여러모로 유익하다.

상대방의 말을 들을 때는 당신의 표정과 태도가 몹시 중요하다. 이야기를 하고 있는 사람에 대한 최고의 찬사는 한마디도 빠뜨리지 않고 듣고 있다는 것을 표정이나 태도, 맞장구로 알려야 한다. 이야기하고 있는 사람은 보지 않고 엉뚱하게 창밖을 본다거나 시계를 자주 보는 행동을 하면 상대방은 당신을 무성의한 사람이라고 생각할 것이다.

들을 때는 귀와 눈과 몸으로 들어야 효과적이다. 눈에 홍미를 담고 몸을 약간 앞으로 숙이라. 이것은 홍미를 나타내고 있다는 것을 전하는 가장 효과적인 방법이다.

2) 상대방의 입장에 서서 분명히 말하라

남의 말은 끝까지 들어라 — 상대방이 지쳐서 말문을 닫을 때까지.

설령 상대방의 말이 자기의 견해와 틀린 점이 있더라도 끝까지 들어보고 이야기의 핵심을 파악하는 것이 중요하다. 상대방의 말을 묵살하거나 도중에서 말허리를 끊는 것은 경박한 사람이 흔히 쓰는 수법이다. 그들은 상대방보다 자기가 우월하다는 것을 자랑하기 위하여 말을 가로챈다.

그야말로 무례하기 짝이 없는 행동이며, 전쟁에서의 선전포고나 다름없다. 상대에게 반항심을 일으켜 전투준비를 시키고 있는 것이다.

어떤 경우라도 상대방의 자존심에 상처를 주어서는 안 된다. 무심코 내뱉은 당신의 한마디가 상대방으로 하여금 칼을 품게 할 수도 있다는 것을 명심하라.

"듣고 보니 그 말도 일리가 있군요. 나는 이렇게 생각했는데⋯⋯."

상대방의 말을 무시하지 않고도 자기의 견해를 피력할 방법은 얼마든지 있다. 그것이 아무리 유치하더라도 상대방의 의견을 일단 존중해 주는 것이다. 돌멩이를 다이아몬드라고 생각하고 기뻐하고 있는 인간이 있다면 그 기쁨을 인정해 주는 것이 부정하는 것보다 훨씬 좋다.

효과적인 인간관계의 비결은 가르치지 않는 것처럼 하며 상대를 가르치는 데 있다. 그러기 위해서는 먼저 잘 들을 필요가 있다. 상대방 이야기의 핵심을 파악하고 나면 당신이 해야 할 말이 명확하게 정리되는 것이다.

그 생각을 우물거리지 말고 알아듣기 쉬운 말로 분명히 말해야 한다. 이때도 내 생각이 옳고 당신 생각이 그르다고 강변하지 말고 나의 견해는 이렇다고 겸손하게 말해야 한다. 거듭 말하지만 유는 유를 부르는 법이다. 겸손은 겸손을 부르고, 무례는 무례를 부른다. 당신이 부드럽게 말하면 상대방도 부드럽게 응답하고, 내가 상대의 입장을 생각해서 말하면 상대방도 당신의 입장을 헤아려서 말해 주는 것이다.

대화가 결렬되고 인간관계가 나빠지는 것은 나만을 내세우기 때문이다. 나의 견해가 있는 것처럼 상대방의 견해도 분명히 있다. 나의 견해가 소중한 것이라면 상대방의 견해도 똑같이 소중한 것이다. 따라서 당신과 견해를 달리하는 사람의 입장이 되어서 신중히 그 문제에 접근해 보라. 그러면 절대로 인간관계가 불편해지는 일은 없다.

3) 제스처를 활용하라

이야기를 할 때에 사용하는 제스처를 꼽아보면 수를 헤아릴 수 없으리만큼 많다. 제스처는 말하는 사람의 감정을 전달하며 이야기에 싱싱한 열의를 불어넣는다. 이야기에 적합한 손짓이나 몸짓, 표정 등이 말의 효과를 더해 주는 것이다.

제스처는 말하는 사람이나 듣는 사람 모두에게 필요하다. 웃는 모습이나 놀라는 표정, 맞장구, 감탄사 등은 훌륭한 제스처이다.

화술이 뛰어난 사람들은 대체로 제스처가 풍부하다. 그들은 남의 말을 들을 때도 표정과 음성을 아주 기술적으로 활용한다. 그런 점에서 볼 때 가장 좋은 표본이 텔레비전이나 라디오에 등장하는 사회자이다. 유심히 보면 그들의 화술은 별게 아니다. 그런데도 화술의 명수처럼 보이는 것은 상대방의 말을 끄집어내는 능력이 탁월하기 때문이다.

대체로 그들은 맞장구를 잘 친다. '저런'하면서 진지한 표정으로 놀라기도 하고, '그렇군요'하면서 고개를 끄덕이기도 한다. 실컷 들은 이야기에 대해서도 처음 듣는 것 같은 표정으로 '과연' 하고 감탄사를 토해 낸다. 그러면 이야기하는 쪽에서는 자연히 열을 올리게 되는 것이다.

사람은 부추켜주면 자기도 모르게 자기 자신을 잃어버리는 경향이 있다. '아하, 재미있군요.' 하고 추임새를 넣으면 상대방은 자신도 모르게 내가 말을 멋지게 잘하고 있는 모양이라고 착각해 버리는 것이다. 인간에게는 누구나 그런 나르시시즘이 어느 정도는 있다.

말을 잘하는 것은 상대를 설득하여 호의를 얻어내는 것이다. 말에 조리가 없더라도 상대방의 호의를 얻어낼 수가 있다면 그것이야말로 최고로 유창한 화술이라 할 수 있다. 다시 말해서 사람을 설득시키지 못하는 열변이나 장광설은 잘하는 말이 아니다. 어디까지나 말이 서툴더라도 상대방을 설득할 수 있는 화술이 뛰어난 화술인 것이다.

6. 말을 해야 할 때와 삼가야 할 때

입을 잘못 놀렸기 때문에, 말해서는 안 될 말을 했기 때문에, 가만히 있어야만 할 때 혀를 놀렸기 때문에 인생에서 커다란 손해를 본 사람이 많다.

말은 야수와 같아서 한번 놓치면 다시 잡아서 사슬에 묶는 것은 대단히 어렵다. 한마디를 덧붙이는 일은 언제고 할 수 있으나 한번 입밖으로 나온 한마디를 철회하기란 하늘의 별따기만큼이나 어려운 것이다.

말을 할 때는 해야 할 말과 하지 말아야 할 말에 항상 유념해야 한다. 서로간에 이루어지는 대화와 그 내용에 따라서 그 사람의 전인격이 드러나는 것이다. 조금 친해지면 자기도 모르게 방심을 하게 되고 가볍게 떠벌리는 것이 경솔한 인간의 속성이다. 바로 그 무심한 말 속에 자기를 물어뜯을 야수와 같은 말이 숨어 있는 것이다.

사람의 감정은 불변하는 것이 아니며, 언제나 똑같은 상황에 처해 있는 것은 아니다. 기분이 좋을 때와 언짢을 때가 있고, 몸에 이상이 있을 때와 어떤 일에 괴로움을 느끼고 있을 때가 있는 법이다. 무슨 일이 잘못되어 울고 싶은 것을 꾹 참고 있는 사람에게 농담을 던지는 것은 부주의한 일이다. 유쾌한 장소에서 무겁고도 우울한 화제를 꺼내는 것도 분위기 파악을 못하는 행위이다.

경박하고 무신경한 사람은 말을 함부로 한다. 웃어야 할 때 우울한 말을 하고, 울어야 할 때 우스갯소리를 한다. 꼭 말을 해야 할 때는 입을 다물고, 입을 다물어야 할 때는 지껄인다. 그리고 그들은 다른 사람의 악담을 화제로 삼는 고약한 취미가 있다. 당사자가 들으면 틀림없이 기분 나빠하고 분개할 내용을 큰 비밀이나 되는 것처럼 말하는 것이다. 남의 결점을 들추어낼수록 자신이 우월하다고 느끼기 때문이다. 하지만 그것은 착각에 불과하다. 결과는 완전히 정반대인 것이다.

사람의 앞날은 좀처럼 예측할 수 없다. 오늘의 친구가 어느 때 어떻게 변하여 적이 될는지는 아무도 모른다. 이 경우에 사이가 좋았을 때 했던 다른 사람의 악담이나 비밀 등이 곧바로 약점으로 작용하여 그 사람을 압박하게 된다.

지혜롭고 화술이 뛰어난 사람은 상대의 의향을 잘 헤아려서 말을 선택한다. 왜냐하면 말을 하는 것은 화살을 쏘는 것과 같기 때문이다.

7. 식언(食言)의 죄

"대저 사람이 세상에 태어나면 도끼가 입 속에 있어 몸을
베이는 것이니, 그것은 나쁜 말에 말미암는다."

《법구경·法句經》의 〈언어품·言語品〉에 나오는 말이다.

'입은 재앙과 근심의 문'이라는 말이 있다. 입을 잘못 놀
려서 생명을 잃고, 패가망신하고, 심하면 사회와 국가에까
지 해독을 끼치는 사례가 허다하다. 그렇기 때문에《법구
경》에서는 입을 제 몸을 베는 도끼에 비유하고 있다.

한번 엎지른 물은 도저히 되담을 수 없듯이, 말도 한번 입
밖으로 나가면 영영 돌이킬 수 없다. 게다가 그 말이 남을
해치는 말이라면 반드시 도끼날을 돌려 발설한 사람을 내리
찍게 된다.

절집의 스님들은 '업(業)'을 가장 두려워하고 경계한다.
윤회설(輪廻說)에 따라 자기가 지은 업은 반드시 그 과보(果

報)를 불러들인다는 것을 믿기 때문이다.

업은 몸·입·뜻으로 짓는 말과 동작과 생각하는 것과 그 세력을 말한다. 업은 짓는다는 의미로써 정신으로 생각하는 작용, 곧 의념(意念)이며, 이것이 뜻을 결정하고 선악(善惡)을 짓게 하여 업이 생긴다.

업의 분류에는 여러 가지가 있지만, 일반적으로 입으로 짓는 구업(口業), 몸으로 짓는 신업(身業), 마음으로 짓는 의업(意業)을 삼업(三業)이라고 한다.

다음은 입으로 지은 업보가 얼마나 무서운가를 보여주는 불교 설화이다.

옛날 인도의 어느 지방에 지체 높은 장자(長者)가 살고 있었다. 그 장자에게는 해당화처럼 자색이 뛰어난 외동딸이 있었다.

장자는 금이야 옥이야 딸을 길러 강 건넛마을의 훌륭한 청년에게 시집을 보냈다.

시집간 장자의 딸은 마냥 행복했다. 시부모가 더없이 인자한 사람이었고, 신랑의 사랑 또한 지극했다.

행복한 세월이 꿈결처럼 흘렀다. 장자의 딸은 떡두꺼비 같은 아들을 낳고 또 하나의 아이를 잉태했다.

왕후장상이 부럽지 않은 생활이었다. 집안에는 웃음꽃이 끊이질 않았다.

그러나 행운의 여신은 곧잘 변덕을 부린다. 사람에게 감당할 수 없을 정도의 행운을 뭉텅이로 안겨주었다가도 빼앗을 때는 단순간에 몰수해 버린다.

그래서 세상이 공평하기도 하다. 음지가 양지 되고, 양지

236

가 음지 되는 변화가 있기에 불행한 사람도 희망을 가지고 살아가는 것이 아닌가!

장자의 딸이 둘째아이를 잉태했을 때 시어머니가 자리에 누워 시름시름 앓다가 세상을 떠났다. 연이어 그토록 자상하시던 시아버지마저 시어머니의 뒤를 따랐다.

해산달이 되었다. 장자의 딸은 해산날이 임박하여 신랑과 함께 친정으로 가게 되었다. 그러나 인적 없는 강기슭에서 출산을 하고 말았다.

아이를 낳았을 때는 이미 날이 저물었다. 산모가 막 아이를 낳고 날마저 저물어 강을 건널 도리가 없었다. 그래서 큰 나무 그늘 아래서 밤을 지내게 되었다.

장자의 딸은 극심한 한기를 느끼며 다음날 아침에 눈을 떴다. 강을 건너기 위해 신랑을 흔들어 깨웠으나 신랑은 이미 싸늘한 시체로 변해 있었다. 발목이 까맣게 썩어들어간 것으로 보아 독사에게 물려 죽은 것이 분명했다.

여인은 통곡을 하다가 까무러쳤다.

시간이 얼마나 흘렀을까. 장자의 딸은 아이들 울음소리에 눈을 떴다. 해산의 고통과 남편을 잃은 충격으로 몸을 움직일 수도 없었다. 그러나 남편의 시신을 처리하기 위해서라도 어서 강 건너 친정으로 가야 했다.

"힘을 내야 한다. 강을 건너야만 한다."

장자의 딸은 큰아이는 등에 업고 갓난아이는 품에 안았다. 그런 다음 죽을 힘을 다해 걸음을 옮겨 강어귀에 다다랐다.

힘이 딸려 두 아이를 데리고는 도저히 강을 건널 수 없었다. 그래서 큰아이는 내려놓고 갓난아이를 안고 건너가서 풀섶에 누이고 다시 강을 건너가려고 했다.

그런데 이게 웬일인가! 건너편 강가에 남겨놓은 큰아이가 아장아장 걸어 강으로 들어오는 것이 아닌가.

"애야, 안 돼! 오면 안 돼!"

장자의 딸은 소스라치게 놀라 고함을 치며 미친 듯이 강을 건너갔다. 그러나 아이는 그만 물살에 휩쓸려 떠내려가고 말았다.

"으흐흑……, 아가!"

장자의 딸은 대성통곡을 하며 아이를 삼킨 물살을 보았다. 그러다가 문득 갓난아이가 걱정되어 풀섶을 보았다.

그런데 이번엔 또 웬 날벼락인가! 늑대들이 몰려들어 갓난아이에게 차마 눈 뜨고는 못 볼 짓을 하고 있지 않은가.

"어이쿠, 저것을 어째……!"

장자의 딸은 거의 실성하여 강을 건넜다. 그러나 아기를 깨끗이 먹어치운 늑대들은 어슬렁거리며 저 멀리 사라지고 있었다.

장자의 딸은 핏물이 홍건한 풀섶을 보고 그대로 정신을 잃었다.

그리고 시간이 흘렀다. 해가 지고 달이 떴다. 장자의 딸은 밤이 깊어서야 눈을 떴다. 하늘엔 깨끗같이 무리진 별들이 총총했다. 멀고 가까운 곳에서 들려오는 풀벌레 소리가 그녀의 애간장을 녹게 했다.

"세상에 어떻게 이런 불행이 나에게……."

장자의 딸은 언제까지나 풀섶에 누운 채로 있었다. 눈에서는 주체할 수 없는 눈물이 흘러내렸다. 남편과 아이들을 따라 죽지 않고 자신의 목숨이 살아 있다는 사실이 한스러웠다.

"독사야, 내 발도 물어다오."

장자의 딸은 독사가 자기의 발을 물어주기를 간절하게 바랐다. 그러나 다음날 아침까지 기다려도 독사는 나타나지 않았다.

"어머니, 아버지⋯⋯!"

장자의 딸은 불현듯 친정아버지가 보고 싶고 어머니가 그리웠다.

그녀는 힘겹게 풀섶에서 몸을 일으켜 친정으로 향했다. 울면서 걷고, 죽을 힘을 다하여 걸었다.

아아! 그러나 그녀가 찾아갈 친정집은 없었다. 불에 탄 흔적만 흉물스럽게 남아 있을 뿐.

이웃사람이 말하기를, 며칠 전 불이 나 전가족이 불에 타 죽었다는 것이었다. 그녀는 하늘이 무너져내린 슬픔 속에서 망연자실하다가 다시 한번 정신을 잃었다.

눈을 떴을 때 낯선 남자가 그녀를 간호하고 있었다. 오고 갈 데 없는 그녀는 그 남자와 함께 살게 되었다.

그 남자는 성격이 포악했다. 술만 마셨다 하면 까닭도 없이 그녀를 두들겨팼다. 매질은 실로 무지막지했다. 주먹을 휘둘러 얼굴을 강타하고 발길질을 하여 온 삭신을 터지게 하고 멍들게 했다.

장자의 딸은 남편의 매질을 못 이겨 몰래 도망을 쳤다. 이곳 저곳 떠돌다 보니 영락없는 비렁뱅이 신세가 되었다.

"어쩌면 내 인생이 이렇게도 기구하단 말인가!"

장자의 딸은 하늘을 원망하며 이 집 저 집을 기웃거렸다. 운명은 참으로 기구했다. 절망적인 불행에서 신음하고 있

는 그녀를 구하는 듯했다. 나이 많은 부자가 그녀의 자색을
아깝게 여겨 후처로 맞아들인 것이다.

비렁뱅이 신세에서 하루아침에 부잣집 마나님이 된 그녀
는 한동안 호의호식하며 지냈다. 이제서야 사람답게 살아보
는가 했다.

그러나 늙은 남편은 명이 길지 못했다. 어느 날 갑자기 숨
을 거둔 것이다. 더욱이 그 마을에서는 남편이 죽으면 아내
가 따라서 순장(殉葬)되는 풍습이 있었다.

장자의 딸은 꼼짝없이 생매장당할 처지가 되어 죽을 날만
기다리고 있었다. 세상에 미련은 없었다. 죽는 것이 두렵지
도 않았다.

"그래, 이젠 나의 구차한 삶도 끝이다. 욕되게 목숨을 부
지하는 것보다 차라리 죽는 것이 백번 낫다."

그녀는 편안한 마음으로 무덤 속에 매장되었다. 캄캄한
어둠 속에서 숨결이 가빠지고, 차츰 정신이 혼미해져 갔다.
마침내 죽어가고 있는 것이다.

사는 것은 사람이 마음먹은 대로 살아지지 않는다. 죽는
것 또한 인간의 뜻대로 되지 않는 것이 아닌가!

장자의 딸은 다시 한번 죽음 직전에서 살아나게 되었다.
순장한 무덤의 물건을 전문적으로 훔치는 도둑의 손에 구출
된 것이다.

"흠, 그냥 죽이기에는 얼굴이 너무 예쁘군."

도둑은 그녀를 데려가서 자기의 여자로 삼았다.

장자의 딸은 도둑이 훔쳐온 음식과 물품으로 참기 힘든
오욕의 삶을 살게 되었다.

인간은 환경에 잘 길들여지는 생물이다. 길들여지지 않아

야 할 것에도 곧잘 길들여진다. 그렇기 때문에 도둑이 생기고, 그렇기 때문에 몸을 파는 여자가 존재하는 것이다.

장자의 딸도 도둑과의 생활에 길들여졌다. 도둑이 훔쳐다 주는 물건이 아무렇지도 않게 되었다. 치욕스럽기는커녕 오히려 반가웠다. 이 즈음에 도둑이 체포되어 형장의 이슬로 사라지고 말았다.

사람에게는 힘들이지 않고도 모든 일이 잘되는 시기가 있다. 이것도 잘되고 저것도 잘된다. 어떤 장사에 손만 댔다 하면 그것이 황금으로 변한다. 그러나 이와는 반대로 무엇을 해도 잘되지 않는 시기도 있다. 이것을 해도 죽을 수요, 저것을 해도 망할 행동인 것이다.

다른 말로 표현하면, 변덕스런 행운이 찬란히 미소 지을 때와 차갑게 등을 돌릴 때가 분명히 존재한다는 말이다.

아무튼 세상의 모든 것은 때가 있는 법, 그녀의 기구한 운명에도 불행이 다하고 새로운 삶이 열렸다.

장자의 딸은 정처없이 떠돌다가 마침내 운명처럼 어느 훌륭한 사람을 만나게 되었다. 그 사람에게 배우고 익혀 깨달음을 얻은 그녀는 삼생(三生;전생·금생·후생)을 뚫어보는 마음의 눈이 열리게 되었다.

"아아, 나의 기구한 운명은 전생의 업보 때문이었구나!"

그녀는 업보의 무서움을 깨닫고 전율했다. 때늦은 후회의 눈물을 소리없이 흘렸다.

그녀의 전생은 이러했다.

전생에 그녀는 아이를 못 낳는 여인이었다. 그래서 그녀의 남편은 자손을 보기 위하여 둘째부인을 얻었다.

둘째부인이 아들을 낳자 첫째부인은 질투로 인해 눈이 뒤집혔다. 이미 남편의 사랑은 차갑게 식어버렸고, 장차 재산 마저 원수 같은 여자의 자식에게 돌아갈 것을 생각하니 울화가 치밀어 견딜 수가 없었다.

첫째부인은 무섭고도 끔찍한 생각을 했다. 둘째부인이 낳은 아들을 죽이겠다는 독한 마음을 품고 호시탐탐 기회를 노렸다.

마침내 기회는 왔다. 둘째부인이 잠시 방을 비운 틈을 타서 첫째부인은 잠든 아이의 정수리에 실바늘을 꽂았다.

그날부터 아이는 계속 울었다. 실바늘이 핏줄을 타고 돌기 때문에 아이는 젖도 먹지 못하고 잠도 이루지 못하고 울어대다가 끝내는 말라죽고 말았다.

당연히 의심의 눈초리는 첫째부인에게 쏠렸다. 남편도, 시부모도, 둘째부인도 그녀를 의심하고 추궁했다.

첫째부인은 시치미를 뚝 떼고 하늘에 대고 맹세를 했다.

"무슨 근거로 생사람을 잡느냐! 나는 하늘에 대고 맹세할 수 있다. 만약 내가 아이를 죽였다면 당장 천벌을 받을 것이다. 지옥이 있다면 가장 무서운 지옥에 떨어질 것이다. 다음 생이 있다면 내 남편은 독사에 물려죽고, 자식은 물에 빠져 죽고 늑대에게 먹힐 것이며, 부모형제는 불타 죽고, 만나는 남자마다 횡사할 것이다!"

첫째부인은 이렇게 극단적인 말로 변명함으로써 당시의 책임추궁을 면할 수 있었다.

그러나 그때의 말 그대로를 다음 생에서 받은 것이다.

말조심 — 아무리 강조해도 지나침이 없는 말이다. 위에 소개한 불교설화는 식언이 난무하는 오늘의 세상에서 모두가 깊이 되새겨볼 만한 이야기가 아닌가 한다.

월

12월 10

1976.10